A CURA INTEGRADA DE CORPO, MENTE E ALMA

BOB LIVINGSTONE

A CURA INTEGRADA DE CORPO, MENTE E ALMA

Livre-se das dores emocionais por meio de exercícios

Tradução
Júlio de Andrade Filho

LAROUSSE

Título do original em inglês: *The Body-Mind-Soul Solution*
Publicado pela primeira vez em 2007 pela Pegasus Books

Edição brasileira
Gerente editorial **Solange Monaco**
Editor **Isney Savoy**
Assistência editorial **Leila Toriyama**
Coordenação **Luna Editorial Ltda.**
Consultoria e preparação de texto **Clene Salles**
Revisão **Cláudia Levy e Denise Alexandrini**
Capa **Michael Fusco**
Adaptação de capa **Renné Ramos**
Diagramação e projeto gráfico **SGuerra Design**
Produção gráfica **Marcelo Almeida**

Dados Internacionais de Catalogação na Publicação (CIP)
(Câmara Brasileira do Livro, SP, Brasil)

Livingstone, Bob
A cura integrada de corpo, mente e alma / Bob Livingstone ; tradução Júlio de Andrade Filho. -- São Paulo : Larousse do Brasil, 2008.

Título original: The body mind soul solution.
ISBN 978-85-7635-282-2

1. Alma e corpo - Terapias 2. Corpo e mente 3. Cura - Aspectos psicológicos 4. Medicina holística 5. Saúde - Promoção 6. Sucesso I. Título.

08-01296 CDD-615.85

Índices para catálogo sistemático:

1. Corpo, mente e alma : Cura integrada : Ciências médicas	615.85
2. Cura integrada : Corpo, mente e alma : Ciências médicas	615.85

1ª edição brasileira: 2008
Direitos de edição em língua portuguesa, para o Brasil, adquiridos por
Larousse do Brasil Participações Ltda.
Av. Profa. Ida Kolb, 551 — 3º andar — São Paulo — SP — CEP: 02518-000
Telefone: (11) 3855-2290 — Fax: (11) 3855-2280
E-mail: info@larousse.com.br
www.larousse.com.br

Dedicado à memória de minha mãe,
Barbara Livingstone (1921-2006).

Agradecimentos

Gostaria de oferecer meus sinceros agradecimentos a Claiborne Hancock, Editora da Pegasus Books, por me conceder a oportunidade que eu tanto esperava; ao editor e mentor Lou Aronica, por suas habilidades, que são nada menos do que mágicas; a Peter Skutches, pela meticulosa edição; fez de um forte livro um ainda mais ousado. À minha família e amigos por seu amor e apoio: Ruth Samsel, Marion Livingstone, Kevin, Alex e Rachel Stone, Linda Camarena, Othello e Yolanda Meadows, Sharon e Norman Kman, Wayne Veidt, Kathy Carlson, Moby Coquillard, Toni DeMarco, Karen Lindahl, Al Ferrer, Fred Pecker, Susan Solomon, Akinyele Sadiq, Sue Mailhot, Ken Shure, Liv Rockefeller, David Spero, Aisha Kassahoun, Ron Veronda, Denise Hulett, Rev. A Linda Siddall e o pessoal do Magic Sports / Runner's Feet, Karen Johnson e a Marcus Book Store, Rafat Haddad e 3 Bees Coffee, Rene Walker, Derethia Duval, Robert Badame e Sarah Russell. Aos participantes dos estudos de casos, por compartilharem suas vidas comigo. Acima de tudo, à minha esposa, Gail Meadows, que esteve ao meu lado em todos os momentos.

Sumário

Introdução

Como descobri este programa inovador

Eu estava sofrendo, mas não sabia a razão. Temia voltar a um constante estado de não sentir absolutamente nada. Receava deslizar de volta para um lugar onde a tristeza e a raiva são experiências impossíveis; onde a dor não é reconhecida nem processada; onde a alegria é vista como uma piada cósmica cruel. Temia começar uma queda livre para um estado de dormência de onde nunca poderia escapar. Foi como estar atolado profundamente em areia movediça e ficando cada vez mais difícil de respirar.

Havia passado grande parte da minha vida nessa terrível condição. Começou quando o meu pai morreu, eu tinha quinze anos de idade, e continuou até os meus quarenta. O entorpecimento levou-me à autodestruição, desenvolvi toxicodependência e uma medonha auto-aversão. Ao entrar na meia-idade, aprendi com meu próprio processo terapêutico a dar os primeiros passos para caminhar para longe deste estado de dormência. Finalmente, depois de vinte e cinco anos de angústia, eu era capaz de desfrutar longos períodos de verdadeira felicidade através do ato de escrever. Sou o autor do livro *Redemption of the Shattered: A Teenager's Healing Journey through Sandtray Therapy.*

Mas algo grave aconteceu quando eu fiz cinqüenta e um anos. Comecei a ficar à deriva no entorpecimento, mais uma vez. Imediatamente, reconheci os sinais - aderência ao desespero, grandes doses de confusão - que estavam me levando para baixo. Meu pescoço doía e eu parecia ter sinusite todos os dias, com um latejamento que começava debaixo do olho e irradiava-se por todo o cérebro.

Nos momentos em que conseguia pensar com clareza, tentava compreender porque me via novamente cercado pelo desespero. Neste ponto da minha carreira, estava profundamente envolvido na divulgação de meu livro e passava a maioria das noites teclando no computador. Reconheci que sentia uma esmagadora pressão para ter sucesso como escritor, mas não compreendia a razão de tanto desgaste. Ao mesmo tempo, eu estava trabalhando com pacientes adolescentes em minha clínica, e sua ansiedade acionava minhas dolorosas memórias da juventude.

Entre estas lembranças, duas foram excepcionalmente vívidas. Uma delas era da minha professora da quinta série, dizendo que eu era o aluno mais estúpido que ela tivera em quarenta anos de ensino. A outra, era da orientadora educacional, na formatura do colégio, dizendo a meus pais que eu não estava apto para ir à faculdade e sugerindo testes vocacionais. Apesar dessa sugestão, fiz os cursinhos e enfrentei os vestibulares, falhando na maioria deles, porque no fundo eu acreditava que ela tinha razão.

Três décadas mais tarde, no meio do meu desespero, analisei esses eventos. Talvez se eu fosse um escritor de sucesso, aquela professora e a orientadora educacional iriam pedir desculpas em rede nacional e, a partir daí, o mundo iria reconhecer minha inteligência. Eu entendia que o fato delas menosprezarem minha capacidade me causara rancor, mas não compreendia por que ainda estava tão ansioso para resgatar seu julgamento. Afinal, essas pessoas haviam saído da minha vida há muito tempo.

Muitos de meus pacientes adolescentes tinham problemas com drogas. Às vezes, em minhas sessões com eles, as lembranças de meus próprios problemas voltavam imediatamente. Mas algo ia além da empatia; eu me sentia angustiado com questões não resolvidas. Se, por um lado, queria deixar tudo para trás, por outro eu me apegava a essas memórias tão profundamente arraigadas em meu coração, como se nunca fosse permitir que elas desaparecessem. Por quê?

Meu pai morreu abruptamente. Eu estava com quinze anos. Foi a maior perda da minha vida. No entanto, eu consegui enfrentar, anos mais tarde, meus sentimentos sobre sua morte e lastimar sua partida. Foi essa longa viagem que narrei em meu primeiro livro. Ao terminar de escrevê-lo, refleti sobre a vida dele, mas sob seu ponto de vista – em oposição à minha análise dos efeitos que seu falecimento haviam causado em mim. O fato mais triste de sua vida foi o de que ele nunca pôde realizar o sonho de abrir o próprio negócio. Por alguma razão, esse sonho não realizado continuou a ser perturbador para mim.

Meu pai estava com cinqüenta e seis anos quando morreu, e eu desconhecia sua verdadeira idade até ler o obituário nos jornais. Sempre achei que ele estivesse no início dos quarenta: meus pais supunham que houvesse um estigma, nos anos 1960, de se ter um pai tão velho, então forjaram sua idade. Preocupavam-se que as outras crianças, e talvez adultos, me olhassem de modo diferente porque eu tinha um pai mais velho do que os pais das outras crianças da minha idade.

Quando completei cinqüenta anos, comecei a pensar que morreria quando estivesse com cinqüenta e seis. Se eu sentisse qualquer dor física, logo imaginava que poderia ser uma doença, apesar de ser muito atlético e manter uma dieta saudável e equilibrada, ao contrário do meu pai, que morreu de um acidente vascular cerebral, resultado de má conduta com a saúde. Por que eu dava tanta importância a isso?

Passei muito tempo refletindo sobre estas questões incômodas. Sentia-me girando em círculos sem chegar a lugar nenhum. Percebia que algo mais profundo se escondia por debaixo, algo que eu precisava enfrentar para que minha vida se tornasse mais alegre. Mas ainda permanecia num estado de torpor, pensando todos os dias sobre meu pai, sua morte, os adolescentes na terapia, a minha própria adolescência, a questão da minha mortalidade, tudo isso desembocando num sono espasmódico e insatisfatório.

Então, um dia, encontrei uma nova forma de encarar minhas dores emocionais.

Acordei de um desses sonos truncados, cambaleei pelo quarto e vesti-me lentamente na penumbra da manhã. Eu me sentia mal, o corpo dolorido, a cabeça doendo por causa da sinusite. Eu realmente precisava me exercitar.

Comecei a ouvir Mary J. Blige em meu MP3. Minha vontade era absorver aquela energia. Quando comecei minha corrida de 8 quilômetros, com a música em meus ouvidos, passei a refletir sobre todos aqueles problemas que me aborreciam. Silenciosamente, perguntei a mim mesmo: "O que está me perturbando agora?", mas não fiz nenhuma pressão para obter alguma resposta. Simplesmente mantive o ritmo e deixei o tempo correr naturalmente.

E a resposta veio de repente, na forma de uma lembrança.

A lembrança de um momento feliz, muitos anos antes. Minha esposa e eu cuidávamos de uma menina, Laura, nos fins de semana e nos feriados. Ela parecia estar ligada a mim espiritualmente, e lembro-me de passarmos o tempo juntos, rindo e ouvindo música. Eu gostava de ler para ela durante a noite e de ensiná-la a escrever, cozinhar, praticar esportes e se comportar à mesa. Naquele momento de reflexão, percebi o quanto eu realmente amei aquela menina. Nós ajudávamos a tia a cuidar de Laura, mas um dia nos desentendemos sobre seus métodos de educação e não tivemos mais permissão para ver a menina novamente. A porta foi fechada na nossa cara e não havia nada que pudesse ser feito. A dor dessa perda tirou meu fôlego enquanto eu corria. As lágrimas que fluíam em meu rosto se misturavam ao suor de meu corpo.

Depois que a corrida terminou, me senti aliviado por ter sido capaz de conectar meus sentimentos em torno da perda de Laura.

Fiquei surpreso de que esse sentimento ainda me afetasse tão profundamente, pois achava que já o tivesse superado. Então, passei a me perguntar se a combinação de exercício e auto-análise não havia desbloqueado aqueles sentimentos.

Nem fui tomar banho, porque eu queria registrar imediatamente os meus pensamentos e sensações. Queria ter certeza de não esquecer nada. Continuei a manter esse diário logo depois de cada período de exercícios, mas descobri ser impossível lembrar de tudo que pensava enquanto corria. Então, comprei um pequeno gravador para levar comigo. E me tornei um protótipo do escravo da tecnologia: um esportista que gravava suas falas enquanto ouvia música no MP3!

Durante os estágios iniciais desse processo, enquanto continuava a lamentar a perda de Laura, descobri-me enfrentando questões não resolvidas de minha adolescência, além de me conectar de uma forma diferente aos sentimentos relacionados com o falecimento de meu pai. Revendo os primeiros diários, percebi que tinha realmente descoberto uma nova modalidade de auto-ajuda terapêutica, baseada na junção do princípio mais importante da psicoterapia - fazer perguntas sobre o que o incomoda – com a saúde mental obtida com exercícios físicos. Meu diário revelou o passo a passo de um processo pelo qual é possível enfrentar e lidar com a dor emocional. Senti-me confiante de que qualquer pessoa poderia tratar suas dores emocionais da mesma forma. Depois que a dor é enfrentada, ela pode ser resolvida.

Não existe um modo rápido de se curar as dores emocionais. Mas este programa pode ensinar a lidar com elas de uma maneira calma e ponderada, permitindo que você as enfrente, em seguida descarte os elementos assustadores e, finalmente, comece a estudar a melhor forma de solucioná-las. É provável, porém, que, já nas primeiras sessões, você tenha surpreendentes revelações.

A leitura deste livro permitirá que você se conecte com seu eu mais profundo. Alguns o chamam de alma, morada da sabedoria, um lugar de espiritualidade. Outros crêem que ele ajuda a se conectar com Deus. Seja como for, analisar-se interiormente o eleva a um estado de calma e reflexão. E o exercício físico, combinado a esse questionamento, pode criar um vínculo com a capacidade de cura da alma. A junção da mente e do corpo à alma fornecerá respostas tranqüilizadoras para as mais dolorosas perguntas. Você ainda poderá descobrir que, ao se exercitar, a conexão com o seu eu interior vai durar mais tempo. As mudanças na química cerebral, que ocorrem simultaneamente aos exercícios, podem explicar cientificamente por que este estado de calma reflexiva é induzido. Mas existe também a magia da experiência. Você pode ter ficado emocionalmente "congelado" durante muitos anos e, de repente, numa iluminação reveladora, você sente esperança de que sua vida pode mudar. À medida que você começar a entender porque foi "congelado", passará a criar maneiras de seguir adiante. Você será renovado. Como eu disse, também existe um toque de mágica nisso tudo...

Essa minha descoberta pode ter sido tanto um feliz acidente ou o cumprimento de meu destino pessoal. De qualquer modo, creio que será de grande benefício para você e irá ajudá-lo a descobrir uma serenidade que nunca conheceu antes.

Capítulo Um

A dor emocional

A dor emocional é o dano causado por um infortúnio em sua vida. Você pode estar inconsciente desta dor, ou até conviver com ela, mas desconhece os eventos ou memórias relacionadas. Você pode sentir que algo está errado, mas não sabe o que é, ou o quê o está machucando interiormente, e tem medo de enfrentar seja lá o que for. Muitas vezes, a dor emocional é sentida como alguma disfunção no trato digestivo, uma pressão no pescoço ou nos músculos, um problema de pele ou cansaço crônico. As dores emocionais costumam trazer recordações desagradáveis, que podem causar medo, tristeza ou revolta.

O programa ensinará a focar um determinado problema emocional de cada vez e a questionar sobre suas causas e ramificações, enquanto se exercita. Para enfrentar a angústia, é preciso descobrir primeiro que tipo de problema emocional está vivendo. Durante meus quase vinte anos de trabalho clínico, identifiquei os cinco principais tipos de dores emocionais, que descrevo a seguir.

PRESO AO LUTO

Se você perdeu um ente querido há mais de um ano e continua sentindo como se esta perda tivesse ocorrido ontem, você pode estar preso ao luto. Se o seu relacionamento afetivo terminou há mais de seis meses, e ainda assim continua pensando nisso insistentemente, talvez esteja vivendo o luto. Se você é um jovem ou um adulto e acha que gasta muito mais tempo relembrando o passado do que focando no presente, você pode estar sofrendo desse tipo de dor emocional.

As pessoas que sofrem o efeito desse trauma apresentam quase que total ausência de emoção. Elas têm dificuldades de sentir raiva, tristeza, paixão ou participar de qualquer coisa. Vivem tão emocionalmente limitadas que não têm consciência de que estão impedidas de prosseguir e nem percebem a razão disso.

Eu dirigi, por nove anos, um grupo de recuperação de pessoas que sofreram perdas. O grupo reunia-se uma vez por semana, durante uma hora e meia e era aberto a todos que tivessem perdido uma pessoa amada. Alguns membros participaram apenas de algumas sessões, enquanto outros vieram todas as semanas, durante um ano ou mais. Muitos foram capazes de passar pelos cinco diferentes estágios psíquicos do luto, que, de acordo com a dra. Elisabeth Kübler-Ross, são: negação, raiva, transferência, depressão e aceitação. Mas outros não conseguiram: eles estavam presos à dor. Resistiram, seguindo com as suas vidas, porque tinham medo do que poderia acontecer se deixassem para trás as pessoas amadas que faleceram. Temiam começar novos relacionamentos ou se interessar por outras coisas.

Atoladas no passado, essas pessoas vislumbravam o futuro com tristeza. Seu objetivo era o de simplesmente viver cada dia com a menor perturbação. Elas acreditavam que recuperar a felicidade não só era impossível, mas também errado, porque seriam desleais às pessoas falecidas. Visitas freqüentes ao cemitério, manter "santuários" em casa com as fotos das pessoas queridas e conversar sobre o passado eram rituais que alimentavam sua dor e as mantinham em sofrimento. Comportamentos deste tipo não são incomuns, nem são prejudiciais logo após a morte de alguém próximo a você. Mas, se continuam por um longo período, podem surgir sérios problemas psicológicos.

Tenho trabalhado com vários pacientes que passaram por experiências semelhantes ao lidar com o fim de um relacionamento. Embora os seus antigos parceiros tivessem deixado claro que tudo acabara, esses pacientes se recusavam a acreditar nisso. Em vez de reconhecerem a verdade, eles pediam dicas sobre como convencer os parceiros a voltar. Esta teimosa incapacidade para aceitar o fim de uma relação pode continuar durante meses. E, enquanto isso, suas vidas ficam em suspenso.

Pessoas que congelam o luto estão em negação e não percebem. Convencidas de que o tempo passado com as pessoas que partiram foram os mais ricos de suas vidas, elas não conseguem conceber a possibilidade de viver novas experiências. O futuro torna-se algo que não vale a pena ser vivido.

O primeiro passo para lidar com essa prisão ao luto é reconhecer que você está em negação. O próximo passo é viver o luto e deixar emergir a raiva, a tristeza e o sentimento de abandono. Se conseguir romper o estado de negação e enfrentar a dor, você será capaz de deixar o passado para trás e começará a se mover adiante.

A MORTE DE UM ENTE QUERIDO

Todos nós passamos pela experiência da morte de alguém, próximo e é normal que essa perda seja lastimada. Este tipo de dor emocional é diferente de estar preso ao luto. Aqueles que estão presos ao luto tendem a não sentir ou manifestar o pesar, enquanto os outros começam a se lamentar imediatamente.

Seja como for, nunca é fácil lidar com esse tipo de dor, e questões pendentes podem complicar as coisas. Talvez você ache que não teve a oportunidade de se despedir ou não conseguiu dizer tudo que queria antes de ela ou ele morrer. De início, estará em choque e entorpecido. Mais tarde, a tristeza irá dominá-lo.

Como tenho pacientes que viveram essa dor emocional, sei que nada que eu diga pode amenizar seu sofrimento e ouvi-los é o melhor que posso oferecer. Ao falar sobre a perda, eles começam a lidar com a dor.

O ADOLESCENTE DENTRO DE NÓS

Todos nós temos um adolescente interno, que viveu conflitos quanto à identidade, variações de humor, opiniões apaixonadas e relacionamentos angustiados. Tenho trabalhado com pacientes adultos que não dominaram as habilidades sociais que deveriam ter aprendido durante a adolescência. Eles têm dificuldade em manter seus relacionamentos, que são caracterizados por discussões contínuas, rompimentos, voltas melodramáticas e explosões súbitas. Pessoas encurraladas em tais relacionamentos acabam envolvendo familiares e amigos mais íntimos nos pormenores da sua vida privada, em um esforço para conseguir apoio para o "seu lado". Comportamentos impulsivos – como telefonar para a namorada de hora em hora, durante a madrugada – são muito comuns.

Esse comportamento equivocado costuma se repetir em seu desempenho no trabalho. Eles mudam de emprego freqüentemente, numa interminável busca por uma indefinida sensação de satisfação. Têm problemas com patrões e autoridades em geral, e quando são repreendidos, não conseguem aprender com os erros cometidos.

Embora este tipo de comportamento seja típico do adolescente, torna-se problemático em um adulto. Com toda a probabilidade, um adulto que demonstre tais atitudes convive com questões importantes que não foram solucionadas durante sua juventude: abuso físico ou negligência paterna; conflito com figuras que representem autoridade; falta de orientação dos pais sobre como lidar com emoções intensas; sentimentos de inadequação, por achar que nunca correspondeu às expectativas. Enfrentar a dor emocional, perscrutando os comportamentos que tiveram origem em torno destas questões, é o primeiro passo em direção à resolução.

A RAIVA QUE MACHUCA AQUELES QUE AMAMOS

Se você costuma fazer comentários perniciosos àqueles que ama e tem temperamento explosivo, que pode ser acionado a qualquer momento, deve estar apontando sua raiva na direção errada, provocando sofrimento emocional tanto em você quanto nos mais próximos.

Para curar essa raiva mal direcionada, você deve assumir a responsabilidade pelas suas palavras e não culpar os outros por seu comportamento. Há alguns anos, coordenei um grupo de apoio para homens que agrediam suas parceiras, tanto verbal quanto fisicamente. Durante as discussões, era comum que um dos participantes dissesse: "Se ela não enchesse o saco, eu nunca teria batido nela. Ela precisa aprender a se controlar."

Sempre peço a esses pacientes que prestem atenção ao que seu corpo está sentindo. Que tentem perceber o estresse se manifestando. Que avaliem com cuidado o que estão pensando. Estar atento ao que se passa no interior da mente e do corpo pode ajudar a reduzir este tipo de dor emocional.

DOR ANCESTRAL

Muitos de nós temos antepassados que foram vítimas de genocídio, tortura ou escravidão e alguns sentem essa dor ancestral em um nível profundamente pessoal. Por exemplo, se você é judeu e sonha constantemente que está sendo levado no meio da noite, pode estar se identificando com a angústia dos antepassados assassinados no Holocausto. Se você for negro e teme ser forçado a trabalhar sem ser pago, ou se em seus sonhos sofre espancamentos, é possível estar intimamente ligado a seus antepassados que foram escravizados.

O objetivo aqui não é desfazer a história, mas tentar compreender como essa angústia ancestral nos afeta e como podemos canalizar nossas amarguras, raiva e medo numa força positiva. Para que essa força nos ajude a encontrar maneiras de nos curar e a nossas famílias, nossas cidades, nossos países e nosso mundo.

Tive pacientes vítimas de discriminação racial. Percebi alguns dos efeitos emocionais do racismo: desconfiança, baixa auto-estima, depressão, ansiedade e um medo avassalador. Como terapeuta, identifico o racismo como um transtorno mental e minha experiência mostrou que, quando eles descobrem como esse ódio os afeta, acabam se conectando com as crueldades e sofrimentos que seus antepassados suportaram. Neste momento de consciência, encontram alívio e firmeza.

Estes cinco tipos de dor emocional são debilitantes. Mas podemos enfrentá-las através do que apresento neste livro. São muitos os benefícios, e o próximo capítulo irá mostrar quais são...

Capítulo Dois

As oito vantagens de enfrentar a sua dor emocional

Confrontar a dor emocional será libertador, pois permitirá que sua vida prossiga. Ao longo do meu trabalho clínico, pude identificar oito principais vantagens dessa atitude.

COMPREENDER A CAUSA DA DOR

Ao entender o que está causando a sua dor, há mais chances de se livrar dela. É possível que venha a descobrir que a origem desse sofrimento foi criando outros problemas, que também serão eliminados com o tempo.

Ralph G. está com cinqüenta anos, é casado e tem três filhos. É um executivo bem-sucedido e vive numa bela casa num subúrbio. Há alguns anos, em meu consultório, percebi que ele tinha um problema. Tinha dúvidas se o seu pai, que morrera quatro anos antes após um longo embate com o câncer, o amara de verdade. Seu pai, alcoólatra, nunca partilhara qualquer sentimento de alegria ou de tristeza.

Ralph estava sofrendo de insônia e ansiedade, sem direção na vida. Num dado momento, relatou-me a história mais importante de sua infância. Seu pai trabalhara arduamente para alcançar a segurança financeira. Como banqueiro, acumulou dinheiro suficiente para comprar uma enorme casa em um bairro sofisticado. Mas, um dia, uma decisão financeira errada levou a família à bancarrota. Ralph estava com dez anos quando todos tiveram que se mudar da mansão para uma casa modesta.

O pai de Ralph nunca se recuperou dessa queda. Sem o acesso às facilidades da sua antiga vida, praticamente retirou-se da realidade. Ele anestesiava sua dor com álcool. Jamais admitiu que tinha cometido um erro desastroso e, seguindo uma regra não escrita, esse evento catastrófico nunca foi discutido em família – e a esposa o apoiou nesse processo de negação.

Ralph aprendeu na terapia que essa negação teve, desde o início, um profundo efeito emocional em sua vida. Ele foi o único membro da família a expressar preocupação de que as coisas estavam indo muito mal.

Sempre que o fez, no entanto, o resto da família ignorava ou zombava de seus comentários. Rejeitado, o então adolescente afastou-se de todos e lutou para tornar-se auto-suficiente; como resultado, aprendeu a não confiar nos adultos. Acreditava que só podia confiar em si mesmo. Já mais velho, Ralph passou grande parte do seu tempo olhando para o futuro e preocupando-se com as metas não alcançadas. Se um plano de negócios dava errado, ele entrava em pânico ou ficava revoltado.

De início, Ralph resistia em enfrentar a fonte de sua dor emocional. Depois de várias sessões, ele teve uma epifania. Finalmente compreendeu que, a cada vez que encontrava um problema, temia falhar como o seu pai. Em meio ao pânico, temia perder o que conseguira: seus bens materiais, esposa e filhos. Foi quando admitiu que era impossível que todos os planos funcionassem exatamente do jeito como foram concebidos; entendeu, também, que não era perfeito e que ninguém é infalível.

Foi quando começou a focar seus sentimentos em relação ao pai e, ao mesmo tempo, na conexão entre ambos. O velho nunca elogiou as realizações do filho ou ofereceu qualquer sugestão para melhorar na escola. Ralph era um bom atleta, mas seu pai nunca assistiu nenhum dos eventos esportivos em que participou. Não havia lembranças de afetividade entre pai e filho, nem de algum entretenimento em comum. Ralph recordou-se de que o seu interesse em ciência só existiu porque achava que, através dela, poderia se conectar com o pai. Parece que a ciência era o único elo de ligação entre os dois.

Ao longo da terapia, Ralph esforçou-se para descobrir o que residia no coração do pai, numa tentativa de estabelecer alguma ligação emocional e espiritual com ele. Buscando nas memórias da infância, Ralph vasculhou sua mente, coração e alma com a esperança de descobrir um vislumbre de ternura recebida. Infelizmente, ele nunca conseguiu. Ralph compreendeu que seus pais eram pessoas frias, que nunca ensinaram a importância de se preocupar com os outros.

Gradualmente, deixou de se preocupar com isso. Percebeu que esse amor que procurava nunca viria e, assim, decidiu buscá-lo em outro lugar. Ele parou de olhar para fora, em busca de afirmação, e começou a olhar para dentro, para sua força interior. E encontrou-a. Ralph entendeu que poderia se acalmar quando entrava em pânico e transformar o desespero em esperança. Aprendeu a viver os bons momentos com a esposa e os filhos e, finalmente, foi capaz de dizer adeus ao pai.

Ao compreender o que causou sua dor emocional, ele foi capaz de deixá-la para trás.

VIVENCIAR CRESCIMENTO PESSOAL

Uma experiência tão intensa quanto enfrentar a dor emocional pode gerar significativo crescimento pessoal, aumentando o autoconhecimento e a compreensão da natureza das coisas. Com este crescimento, pode vir um sentimento de espiritualidade, a crença na capacidade de mudança e compaixão pelos outros.

Jane M. tem vinte e oito anos e foi indicada a mim porque estava sofrendo agressões por parte do marido. Em nosso primeiro encontro, ela estava muito nervosa e teve dificuldade em organizar seus pensamentos. Mas quando se sentiu mais confortável, pôde contar sua dolorosa história.

Ela estava casada há quatro meses quando seu marido, anteriormente um homem gentil, começou a bater nela. Além disso, ele também gritava com Jane e sua filha de quatro anos, de um casamento anterior, uma criança que ele permitia ser maltratada por seus amigos. Certa noite, ao negar estar traindo seu marido, Jane foi esbofeteada e passou a levar socos. Ele bateu tão forte que quebrou um dos dentes da esposa. Quando a polícia chegou, levou o marido para a cadeia.

Nessa noite, ela arrumou suas coisas e foi com a filha para a casa da tia, em outra cidade. Era um arranjo temporário, até arrumar alguma coisa. No entanto, a tia era dependente de anfetaminas e sofria de constantes mudanças de humor. Por isso, muito cedo, Jane e sua filha estavam na rua novamente. Graças a alguns contatos, Jane se alojou no abrigo de mulheres da cidade, e era lá que estava residindo quando me procurou.

Pela primeira vez em muitos anos, ela pôde baixar a guarda. Logo que começou a terapia, já vivenciou um grande crescimento pessoal. Assim que revelou que esse não fora seu primeiro relacionamento abusivo, ela quis entender a razão de sentir-se atraída por homens violentos. Jane lera artigos sobre violência doméstica e percebeu que sofria da chamada Síndrome das Mulheres Espancadas. Jane percebeu, também, a falácia de culpar-se pelas agressões e aprendeu a colocar a responsabilidade sobre os homens que batiam nela.

Jane continuou a crescer enquanto vasculhava a história de violência de sua família. Ela havia testemunhado o pai batendo em sua mãe várias vezes, e aprendeu que seria comum a mulher ser atraída por homens assim, mesmo que achasse repugnante esse tipo de abuso físico. Agora Jane sabe que foi atraída para o marido porque o comportamento, crenças e maneirismos dele ecoavam seu pai. Ela aprendeu a reconhecer as "bandeiras vermelhas" de parceiros potencialmente perigosos, porque assumiu o compromisso de viver uma vida não-violenta.

Ela tem levado uma vida melhor, com mais satisfação.

REDUZIR A INFLUÊNCIA QUE A DOR EMOCIONAL TEM SOBRE A SUA VIDA

Negar a dor emocional pode ser perigoso para a saúde física e mental. Libertar-se de suas correntes, porém, é tranqüilizador. A energia gasta anteriormente, agora, pode ser canalizada para aumentar a produtividade criativa e financeira.

Elaine G. estava oprimida pela dor emocional quando veio ao meu consultório pela primeira vez. No meio de um divórcio neurótico, temia o modo como seus três filhos iriam lidar com as conseqüências. Ela vivia constantes crises de pânico, que a impediam de ficar sozinha.

Elaine tem três irmãos, todos filhos de um casal muito rico, que viajava constantemente. Por conta disso, as babás cuidavam dela e faziam de tudo para que suas necessidades fossem atendidas.

Aparentemente, os pais de Elaine não souberam interagir com ela. Eles incentivaram o sucesso material, mas não ensinaram a filha a lidar com o medo, a solidão e o isolamento. Quem confortava a menina em seus momentos de agitação eram as babás. Como estavam conscientes de que Elaine tinha pânico de ficar só, tomavam todas as medidas para que isso não ocorresse. Esse padrão pânico-resgate começou logo que ela nasceu e continuou até a morte de sua babá favorita, quando Elaine estava com dezessete anos. Isto provou ser psicologicamente paralisante, pois a menina nunca aprendeu a usar os recursos internos para enfrentar uma dor emocional.

Agora, aos trinta e oito anos, tinha medo de ir sozinha a qualquer lugar e estava convencida de que não sabia cuidar de si mesma. No pico desta fase alarmante, sentiu que todos a haviam abandonado e que estava destinada a viver por si mesma para sempre.

Trabalhando comigo, Elaine passou a aceitar que os pais a prejudicaram com sua negligência, e tal admissão ajudou-a a parar de se culpar por suas dificuldades. Ela percebeu que seus pais nunca a tinham visto como uma menina, adolescente ou mulher, mas sim como uma entidade que foi uma boa aluna, uma grande atleta, uma atraente modelo – atributos que tinha desenvolvido a fim de obter a aprovação deles. E que sua mãe, em especial, via essas realizações como um meio de aumentar o seu status entre a alta sociedade de Nova Orleans.

Durante a terapia, Elaine examinou as razões para o seu pânico e trabalhou arduamente para superá-las. Ela entendeu que não tinha vivenciado a fase de desenvolvimento em que a criança aprende a lidar com o medo. Tinha descoberto o que perdera e apreciava esse novo conhecimento. Elaine também foi capaz de romper o ciclo da negligência paternal, construindo uma forte ligação com seus filhos de forma saudável, vendo-os não como objetos a serem admirados, mas como seres humanos a serem amados.

Ao reduzir a influência que a dor emocional havia embutido em sua alma, Elaine deu-se uma nova vida.

DIMINUIR O ESTRESSE E AUMENTAR A AUTO-ESTIMA

Ao negar sua angústia emocional, sua vida diária fica repleta de opressões. O estresse se torna constante, há problemas no sono, você fica nervoso e agitado, alternando períodos de agressividade e passividade. Sua vida se torna um movimento contínuo de uma crise para outra.

Aos cinqüenta e cinco anos, Frank M. falou-me de sua baixa auto-estima. Por vezes, sentia que o estresse o levaria a uma explosão de raiva ou ao isolamento. Como morava sozinho, vivenciava sensações de isolamento e solidão. Frank descreveu seu pai como um alcoólatra que tinha recentemente se tornado sóbrio, sem o apoio dos Alcoólicos Anônimos ou qualquer outro programa, um homem extremamente exigente com o filho, embora o fundamento desta rigidez fosse ininteligível. Frank nunca soube exatamente o que o pai queria dele. Quando bebia, o pai se tornava verbalmente agressivo e repreendia sua mãe e seus dois irmãos mais velhos. Frank não tem lembranças de ouvir dele algum elogio ou incentivo. Mesmo se estivesse exausto ou doente para enfrentar alguma tarefa, o pai dizia para "engolir" e seguir em frente.

Frank tinha sido promovido para os altos escalões no setor dos transportes aéreos e, mesmo sabendo que era eficiente no trabalho, ouvia uma voz punitiva dentro dele dizendo que não estava à altura do cargo, não importando o que fizesse. Seus relacionamentos também foram cheios de problemas. Era acusado de ser emocionalmente distante porque não partilhava os sentimentos pessoais. Temendo falhar na relação, ele construía uma muralha emocional em torno de si. Julgava que todos os dissabores no relacionamento eram por sua culpa. Frank vivia atormentado pela apatia. Antes atlético, agora não fazia praticamente nenhuma atividade física.

Ao longo do tempo, Frank percebeu que a voz negativa que ouvia não era sua, e sim de seu pai, que também o "ensinou" a ser duro consigo e com os outros. Descobriu, ainda, que ele seria capaz de não apenas mudar o seu pensamento negativo, mas também a forma como se sentia sobre si próprio. Aprendeu a deixar essa "voz" para trás e a procurar uma solução para os problemas que surgissem, ao invés de culpar-se pelos apuros. Ele passou a tratar-se melhor, e voltou a fazer exercícios.

Hoje, Frank mantém um relacionamento agradável e já sabe como manifestar sua satisfação ou desagrado. Aquela energia devotada ao estresse da dor emocional é hoje canalizada para atividades mais produtivas.

CULTIVAR SEUS RELACIONAMENTOS

A negação de suas dores emocionais pode levar seus relacionamentos a um estado de indiferença ou superficialidade, ou mesmo de antagonismo. Se você desviar do que o perturba, torna-se impossível manter uma relação baseada em respeito, amor e sinceridade.

James K. estava na casa dos trinta quando chegou a um ponto crucial em sua vida. Casado há dez anos, tinha dois filhos, mas a família não estava bem. Um dia, sua esposa lhe deu um ultimato: "Se você não parar de nos agredir verbalmente, vou pedir o divórcio." James levou a sério esse comentário e embarcou numa difícil jornada.

James ocupava uma alta posição na empresa, o que o obrigava a trabalhar mais de dez horas por dia, impedindo-o de passar muito tempo com a família. Eu sentia que, embora James soubesse como ser bem-sucedido no mundo corporativo, não possuía nenhuma noção de como interagir-se construtivamente com sua esposa e filhos. Inclinava-se a avaliar o mundo através de uma perspectiva puramente intelectual. Por exemplo, ficava entediado ao jogar bola com seu filho de cinco anos; não via propósito em ficar atirando a bola para lá e para cá durante meia hora... Era difícil para James curtir aquele momento, ou estar com o filho apenas pelo simples prazer de brincarem juntos.

Logo ao acordar, as exigências profissionais começavam a estressá-lo. Se sua esposa demorasse a preparar o café, ou se a filha de dois anos levasse tempo para se vestir, James perdia a paciência e explodia. Enrubescido, gritava com a família toda, usando palavras profundamente ofensivas. Os efeitos dessas explosões exigiram um grande período de cicatrização.

Geralmente, quando um dos membros do casal obriga o outro a fazer terapia, e este não leva a situação a sério, é porque não acredita que tenha algum problema. Mas este não foi o caso de James. Vinha às sessões com regularidade, apesar de sua agenda apertada. Minha impressão era que fazia isso por remorso: ele se sentia culpado depois de suas explosões e receava perder a família. Ao tentar entender porque os agredia com tanta violência, logo descobriu as razões de sua fúria.

Seu pai abandonou sua mãe quando ele estava com cinco anos e mudou-se para outra cidade, sem nunca mais procurar o filho. James não entendia porque havia sido abandonado e desenvolveu uma estratégia para lidar com esse fato. Ele simplesmente deixou isso de lado e disse a si mesmo: "É assim que são as coisas e tenho que tocar a minha vida." Ao soterrar sua dor, James apenas dirigiu sua raiva para as pessoas erradas.

Trabalhando comigo, propus que assistisse a alguns filmes específicos, para provocar-lhe respostas emocionais associadas a estas experiências, e a registrar suas sensações num diário. Quando ele começou a sondar sua perda com maior profundidade, foi capaz de reconectar e ajustar sua angústia às causas reais, para seu alívio: seu pai abandonando seu irmão mais velho e ele; e a mãe sofrendo com a exaustão e o esgotamento, sendo obrigada a trabalhar em dois empregos para sustentar os dois filhos, já que o pai nunca deu nenhum tipo de ajuda nesse sentido.

James decidiu entrar em contato com seu pai, com o objetivo de se reunir com ele. Ele queria confrontá-lo sobre o fato de tê-lo abandonado, e anotou tudo o que gostaria de dizer. Evocou lembranças de não ter um pai presente e, por isso, nunca ter recebido qualquer orientação ou apoio; lembrou da sensação de sentir-se descartado. Ao fazer esse exercício, James percebeu que ele queria ser a antítese do seu pai biológico. Ele realmente queria ter uma relação mais próxima com os seus filhos e, apesar de uma vez ter evitado esse contato, agora ansiava por esses momentos, para brincar com as crianças e vê-las crescer.

O relacionamento de James com sua esposa também melhorou. Ele passou a se identificar mais com ela e a perceber o quanto realmente a amava.

A partir do momento que enfrentou sua dor emocional, os mais importantes relacionamentos na sua vida melhoraram drasticamente.

TRANSFORMAR A INFELICIDADE EM ALEGRIA

Ao não reconhecer as dores emocionais, você despende muito tempo sentindo-se infeliz. No momento em que confronta suas angústias, você pode experienciar uma alegria e contentamento como nunca viveu antes.

Doug M., participante ativo dos Alcoólicos Anônimos, tinha vivido sóbrio por mais de quinze anos. Um triatleta de bom nível para sua idade, esforçava-se para manter exercícios regulares. Quando o conheci, aos quarenta e um anos, possuía uma empresa de telhas e coberturas, mas ainda estava solteiro. Durante nossa primeira sessão, Doug reclamou estar aborrecido com a vida que levava, monótona e sem emoção.

O principal descontentamento de Doug era seu relacionamento com Julie. Eles viviam juntos há cinco anos quando começou um caso com outra mulher. Ele não tinha certeza sobre seus sentimentos em relação a qualquer uma das duas, mas sabia que este novo relacionamento não resolveria seus problemas, ao contrário, aumentaria a confusão.

Os pais de Doug nunca lhe ensinaram a lidar com conflitos e, logo, ele nunca aprendera a discutir seus sentimentos. Percebera que a principal razão para seu alcoolismo era o não enfrentamento dos problemas, como estava fazendo agora. Doug entendeu, também, que ele nunca conversava sobre as coisas que realmente importavam à Julie. O padrão estava claro: envolvia-se com as mulheres que o admiravam e não se perguntava sobre seus sentimentos, enquanto fosse atraído fisicamente por elas. Nesse momento, Doug viu que seus relacionamentos eram, na realidade, os sintomas de um outro vício: a necessidade de ser constantemente admirado.

Embora Doug não tenha me revelado a razão da sua angústia, ele admitiu ter criado esse padrão e estava determinado a quebrá-lo. Rompeu com a mulher com quem estava tendo o caso, dizendo que precisava definir seu relacionamento anterior. Sentindo-se aliviado e fortalecido com o rompimento, decidiu correr o risco de partilhar seus verdadeiros sentimentos com Julie. Ele deixou claro à ela que estava insatisfeito e que sentia que não tinham mais muito em comum. Algumas semanas mais tarde, concordaram em se separar, e Julie foi embora.

Começando a viver sozinho, Doug passou a experimentar os altos e baixos naturais da vida, como nunca tinha feito antes. Conheceu a completude de seu trabalho e do esporte que praticava. Em vez de afastar as emoções, permitiu-as correrem soltas. Quando ele terminou a terapia, estava gozando a vida e ansioso por encontrar sua verdadeira alma gêmea.

Ao enfrentar sua dor emocional, Doug permitiu-se ser feliz.

DESENVOLVER NOVAS HABILIDADES PARA MELHORAR SUA QUALIDADE DE VIDA

Assim que você enfrenta sua dor emocional, pode aprender a viver a vida de novas maneiras. Desenvolver novas *expertises* requer tempo e prática. Essas competências não chegam de imediato, mas acabam se integrando à sua rotina diária. A primeira nova habilidade a ser desenvolvida é perceber quais são os sinais que o levam a ficar deprimido, ansioso, irritado ou outros sentimentos que têm um impacto negativo sobre a sua vida.

A vida de James entrou em tumulto quando começou a agredir sua família verbalmente. Ele só se tornou consciente do que estava acontecendo quando começou a terapia. Finalmente, compreendeu que sua fúria fermentava muito antes de começar a gritar, porque logo ao despertar já estava sob pressão do trabalho. James aprendeu a dizer a si mesmo que a família não precisava ter um comportamento perfeito e que iria concluir seus trabalhos em tempo oportuno. Se estivesse atrasado para sua reunião, paciência, não era nenhum grande problema. Também se conscientizou de uma outra emoção que entrava em jogo antes de sentir raiva. Quando seus filhos ou esposa se atrasavam, ele se sentia ofendido. Sentia-se rejeitado, porque não estavam cooperando. Dizia a si próprio: "Eles não vêem que estou trabalhando arduamente para dar uma boa vida a todos? Eles não podiam demonstrar seu apreço, ficando prontos a tempo?"

James reavaliou suas expectativas, e também compreendeu que, só porque sua família não se aprontava rapidamente, não significava que não o amassem. James aprendeu a ser mais paciente prestando atenção aos sinais internos.

Outra habilidade a ser aprendida é distanciar-se da dor. Isso é diferente de sua negação completa. Pelo contrário, é essa *expertise* que lhe permite lidar com a dor quando ela se torna grande demais para suportar.

Elaine sofria de crises de pânico e sentia-se inundada por essa emoção. Nesses momentos, teria sido melhor distanciar-se da angústia, procurando recompor-se. Por exemplo, poderia procurar uma atividade relaxante, como tomar um banho quente. Ou, se estivesse com amigos, focaria toda sua atenção na conversa. Numa caminhada, poderia concentrar-se no pôr-do-sol ou no cheiro do mar. Estes movimentos colaborariam para que ela pudesse viver o presente de forma mais consistente, o que é um dos principais objetivos da terapia, favorecendo assim, uma vida mais saudável.

Outra habilidade essencial é perceber que você tem uma escolha: enfrentar ou não a sua dor emocional. Na verdade, quando se chega ao ponto de ter liberdade de pensar sobre o que você quiser, fica evidente que é possível ter controle sobre os nossos pensamentos.

Ralph sofreu de insônia durante anos porque mentia a si mesmo, imerso no medo, preocupado com o seu futuro. A ansiedade era, por vezes, debilitante. Ele não via outra escolha, a não ser concentrar-se em suas preocupações, porque acreditava ser essa a única maneira de lidar com a dor. Na terapia, entendeu que, ao fazer isso, não estava necessariamente enfrentando a dor emocional, mas apenas se preocupando. Finalmente, aprendeu que havia uma escolha, deixar a dor de lado por um tempo até que decidisse a hora certa de enfrentá-la.

A última habilidade é de entrar em contato com seu eu interior; aquele lugar dentro de você que mantém a verdade sobre sua vida; um lugar onde você pode encontrar solidão, redenção e conhecimento.

Frank, como muitos outros, não tinha conhecimento do eu interior quando começou a fazer terapia. Ele gastava horas recriminando-se sobre o que considerava erros imperdoáveis. Só descobriu a verdade quando avaliou várias camadas de más recordações e analisou as causas e efeitos de sua dor emocional. E então, concluiu que era uma boa pessoa, não um fracassado. Na verdade, o *Self* de Frank fez o papel do pai compreensivo que ele nunca teve.

RESOLVER AS DORES EMOCIONAIS

O confronto entre memórias e sentimentos perturbadores é uma viagem carregada de agitação, confusão, introspecção, intensa tristeza, raiva e alegria desenfreadas. Talvez a maior descoberta durante essa provação seja a energia chamada amor, e você pode encontrá-la em qualquer lugar.

Resolver a dor emocional é o último aspecto, ao enfrentá-la. Resolver essa dor não significa esquecer aqueles que nos machucaram ou abandonaram, mas sim encontrar um lugar dentro de nós para essas pessoas.

Durante anos após a morte de meu pai, eu sentia sua presença pairando sobre mim, como uma nuvem negra pronta a se transformar num furacão. Ao aprender a enfrentar essa dor emocional, consegui dissipar a nuvem e colocar meu pai num lugar bem alto, no céu.

Resolver a dor emocional envolve o perdão. Não apenas perdoar a pessoa que o tenha machucado, mas também a si mesmo. Perdoei a mim por ter estado em angústia durante tanto tempo, sem meios de enfrentá-la, e por ter dado uma surra em minha criança interior, por não saber fazer outra coisa. A perda de meu pai foi uma grande influência na decisão de me tornar um psicoterapeuta especializado em perdas... sua vida e sua morte foram inspirações para os livros que escrevi.

Eu estava em contato com a alma de meu pai, quando descobri *A cura integrada de corpo, mente e alma.*

Capítulo Três

Descobrindo a fonte de sua dor emocional

Por favor, preencha o questionário sobre dores emocionais, a fim de identificar as razões pelas quais você se sente descontente, angustiado ou confuso. Uma vez identificada essa fonte, você saberá quais perguntas a fazer enquanto se exercita.

QUESTIONÁRIO SOBRE DORES EMOCIONAIS

1. **Sintomas que você costuma apresentar e que foram descartados pelo médico como sendo problemas físicos:**

   - Sofre de dores de cabeça? São freqüentes? Quando ocorrem?
   - Você tem dores musculares? Em que parte do corpo? Como são elas? Isso é crônico?
   - Você tem rápidos batimentos cardíacos? Quando acontecem e com que freqüência?
   - Você sente dores de estômago? Com que freqüência? Quando acontecem?

- Você range os dentes à noite? Seu maxilar dói ou tem dores de cabeça por causa disso?
- Você tem insônia ou problemas para dormir? Você desperta no meio da noite por um período prolongado? Com que freqüência isso ocorre?
- Sente falta de energia ou motivação? Há quanto tempo você está assim?
- Apresenta outros sintomas que o seu médico excluiu como sendo problemas físicos?

2. Seu estado emocional atual:

- Você tem tido pensamentos suicidas? EM CASO AFIRMATIVO, PROCURE UM PROFISSIONAL DE SAÚDE MENTAL IMEDIATAMENTE.
- Você fica agitado facilmente? Há quanto tempo se sente assim? Em que momento isso acontece?
- Você tem dificuldade em sentir prazer com atividades que antes eram prazerosas? Há quanto tempo está acontecendo? Quais são as atividades?
- Você encontra dificuldades em estar com outras pessoas? Isso acontece há quanto tempo?
- Tem chorado com freqüência ? Quando isso ocorre?
- Tem se sentido em um estado de dormência, sem identificar os sentimentos? Quando isso surge?
- Você vem se sentindo desligado dos outros? Em que tipo de situação isso se manifesta?
- Você tem dificuldades em se concentrar? Quando aparece e em que momento?
- Tem estado preocupado a maior parte do tempo? O que é que lhe preocupa?
- Você tomou ou tem tomado medicação para depressão, ansiedade, ou qualquer outro problema emocional? Como isto afeta você?

- Tem medo de defender-se? Em que tipo de situação acontece e como isso o afeta?
- Você sente dificuldade em dar-se mérito por alguma coisa bem feita? Como isso o afeta e quando ocorreu pela última vez?
- Você se magoa com facilidade? Crê não ter recursos para aliviar essa mágoa? Quando foi o último episódio e como isso o afeta?
- É difícil confiar nos outros? E em si mesmo? Como isso o afeta e quando foi o último episódio?
- É difícil perdoar os outros? E a si mesmo? Como isso o afeta e quando ocorreu pela última vez?
- Você sofre de baixa auto-estima? Por quanto tempo tem se sentido assim?
- Você tem dificuldade em fazer ou manter amizades? Como isso o afeta?
- Você tem dificuldade em criar ou manter relacionamentos íntimos? Isso o afeta de que forma?
- Você acha que tem alguma coisa errada mas não consegue identificar o problema? Por favor, descreva as emoções, memórias ou sintomas físicos que surgem quando se sente assim.

3. Sua história da infância:

- Você sofreu abusos físicos por parte dos pais ou outros? Descreva o que aconteceu.
- Como isso o afetou na infância?
- Você foi negligenciado por parte de seus pais ou pessoas próximas? Descreva o que aconteceu.
- Como isso o afetou na infância?
- Você sofreu abusos emocionais por parte dos pais ou outros? Descreva o que aconteceu.
- Como isso o afetou na infância?
- Você sofreu violência sexual quando criança? Descreva o ocorrido.
- Como isso o afetou na infância?

- Seus pais brincavam com você quando era criança? Que atividades faziam juntos? Como isso o afetou?
- Quais eram as expectativas de seus pais enquanto criança e adolescente? Como isso o afetou?
- Como eram suas notas na escola? Como você se sentia?
- Como seus pais o educaram? E como isso o afetou?
- Como seus pais reagiam aos seus insucessos? Como isso o afetou?
- Seus pais elogiavam seus sucessos? Como isso o afetou?
- Qual foi o evento mais positivo de sua infância? Como isso o afetou?
- Qual foi o evento mais traumático de sua infância? E como isso o afetou?

4. Os diferentes tipos de dor emocional:

PRESO AO LUTO

- Você sofreu alguma perda há mais de um ano e ainda tem dificuldades em superá-la? O que pensa sobre isso?
- Uma pessoa próxima a você morreu há mais de um ano? Você pensa constantemente nessa pessoa?
- Um relacionamento importante terminou há mais de um ano? Você continua pensando sobre ele ou ela? Tem dificuldades em aceitar que o relacionamento acabou?
- Você acha que nunca vai superar a perda? Como visualiza seu futuro?

A MORTE DE UM ENTE QUERIDO

- Alguém muito próximo morreu recentemente? Quem era e o que significava para você?
- Você se sente ferido internamente? Por que acha que está sofrendo tanto? Como lhe dava com a pessoa querida?

- Está sendo difícil ir ao trabalho ou à escola? Como vem lidando com isso?
- Você se preocupa em nunca conseguir se livrar dessa dor opressiva? Como é esse sentimento?
- Você fica com raiva de que a vida segue para os outros enquanto, para a pessoa amada, ela terminou? Como lida com esse sentimento?

O ADOLESCENTE DENTRO DE NÓS

- Você acha que sua vida é um grande drama? Quando isso acontece?
- Você fica impaciente a maior parte do tempo? Quando isso acontece?
- Tem dificuldade em satisfazer-se? Quando isso acontece?
- Você entra em confrontos com freqüência? Quando isso acontece?
- Você se sente confuso a maior parte do tempo? Quando isso acontece?

A RAIVA QUE MACHUCA QUEM AMAMOS

- Existe alguém que você magoou tanto, recentemente, que se recusa em perdoá-lo? O que houve?
- Você se arrepende de machucar quem ama? Qual a razão de se sentir assim?
- Você acha que tem direito de agredir verbalmente aqueles que ama? Por que acha que tem esse direito?
- Acredita não ter controle sobre seus atos? Por que se sente assim? Quais têm sido as conseqüências de seus atos?
- Você já agrediu fisicamente alguém que ama? Quando isso aconteceu? Como se sente sobre isso? Fez alguma coisa para mudar seu comportamento?

DOR ANCESTRAL

- Seus ancestrais foram vítimas de genocídio? Como isso o afeta?
- Seus ancestrais compartilharam histórias de perdas com você? Como isso o afeta?
- Você se sente conectado com as dores de seus ancestrais? Como isso o afeta?
- Você tem focado algum período específico da história de seus antepassados? Que benefícios isso pode lhe trazer?
- Você acha que apresenta sentimentos ou comportamentos que derivam dos sofrimentos de seus antepassados? Como isso o afeta?

O preenchimento deste questionário é componente essencial de nosso programa. Seus esforços nesse sentido irão iluminar as privações pelas quais passou. Depois de pronto, apresentará com clareza as fontes de sua dor emocional.

Se quiser aprofundar o perfil da dor emocional que decorre deste questionário, leia o capítulo 4, "Examinando a sua dor emocional". Lá você encontrará percepções dos participantes dos estudos de casos, que irão ajudá-lo a ter uma visão mais clara de suas angústias.

Se estiver totalmente familiarizado com os resultados deste questionário, poderá se conectar com mais facilidade às perguntas que porventura faça durante os exercícios, conforme verá no capítulo 6.

E as respostas deste questionário irão prepará-lo para as "Descobertas", capítulo 7. A compreensão das origens da sua dor emocional é um dos principais trampolins em direção a novos conhecimentos, por ter aprendido a enfrentar sua angústia sem distrações, ter encontrado a sabedoria, ter aprendido a usar o poder de sua imaginação.

Capítulo Quatro

Examinando a sua dor emocional

Agora, você já sabe a origem de sua dor emocional. Neste capítulo, apresentamos casos de pessoas cujas descobertas modificaram suas vidas. (Os nomes dos participantes foram alterados para garantir a confidencialidade das informações). Você verá que essas descobertas possibilitaram que eu fizesse outras perguntas e, por meio delas, começasse o processo de cura emocional.

Este capítulo irá abordar traumas oriundos de negligência e abusos paternos. Se não forem tratados, esses traumas de infância podem afetar o desenvolvimento psicológico, o bem-estar físico, o humor, a capacidade de formar amizades e relacionamentos íntimos, bem como a capacidade de confiar nos demais.

Ralph G., que encontramos no capítulo 2, viveu a maior parte da vida num estado de confusão e depressão. Em diferentes momentos, ficou tão distante da realidade que permanecia na cama por dias. Acreditava estar com algum problema físico que o incapacitava, mas vários médicos não encontraram nada de errado, fisicamente falando...

Ralph tinha dificuldade em desenvolver amizades. Não confiava em ninguém. Era muito exigente com a esposa e filhos, como se esperasse que eles preenchessem o vazio que sentia dentro de si. Odiava ficar sozinho, o desconhecido o ameaçava. De tanto impor ordem em sua vida, passou a mostrar traços obsessivo-compulsivos, como escovar os dentes sempre da mesma forma, ou organizar sua mesa, a fim de que as canetas, lápis e papéis estivessem perfeitamente colocados.

Vivia em constante medo. Sofria de estômago e problemas musculares, já que não entendia o significado de relaxar. Se relaxasse, baixaria a guarda e ficaria vulnerável, permitindo que alguém pudesse tirar proveito dele e, como resultado, seria prejudicado. Ele temia repetir os passos do pai.

Ralph não queria viver, como o pai, a experiência de perder o emprego, a poupança e a casa. A forma como seus pais manipularam a perda, como se nada tivesse acontecido e recusando-se a discutir o assunto, deixaram-no pior. Mesmo quando a família perguntava de onde viria a próxima refeição, o pai de Ralph se colocava como um lendário capitão de indústria, notável executivo financeiro. A negação e abstração da família tornaram-se alimento crescente para o alcoolismo do pai. A família se negava a ver seu alcoolismo como patologia.

Ralph se perguntava porque seus pais tinham filhos, já que não passavam nenhum tempo com eles, nem se preocupavam em criá-los. Quando estava com quarenta anos, seu pai estava morrendo de câncer e Ralph decidiu então que iria visitá-lo diariamente, a fim de apoiar-lhe emocionalmente. Ele gostaria que seu pai falasse sobre a tragédia que se abatera sobre a família. Tentou facilitar de várias maneiras, mas o pai se manteve firme em sua negação. Ele nem sequer admitia que estava doente ou que estava morrendo.

Não sabia como lidar com a relutância do pai em compartilhar os sentimentos. Por estar mais próximo a ele naqueles últimos momentos, Ralph ansiava por um abraço. Mas, o sonho de construir uma ponte emocional entre ambos nunca se concretizou. Numa manhã, soube que seu pai havia morrido enquanto dormia. Ralph sentiu-se caindo de um despenhadeiro. Ele nunca teria as respostas que tanto queria, nem a aproximação que buscara.

Foi durante a terapia que ele descobriu que seu perfeccionismo continuava sendo uma tentativa de ganhar a aprovação e o amor do pai. E, o mais importante, ele não aceitava o fato de que seu pai falecera.

A sensação de fracasso aos olhos do pai lhe deixavam agitado, ansioso e deprimido. Uma vez que é humanamente impossível ser perfeito, Ralph manifestava diariamente esses debilitantes estados emocionais. Suas expectativas extremamente irrealistas alimentavam sua necessidade de controlar todos os aspectos de sua vida e da vida das pessoas à sua volta. Ele precisava saber o que iria acontecer quando morresse; nenhum tipo de fé era suficiente. Ele tinha que ter certeza de que os seus filhos seriam bem-sucedidos na faculdade antes mesmo de terem feito qualquer exame de admissão. Ralph vivia constantemente preocupado que o diabetes de sua mulher poderia deixá-la muito doente, e até matá-la, e vivia em prolongado estado de pânico, pois acreditava que a vida terminaria se um dia sua mulher se fosse. A catástrofe parecia inevitável em cada aspecto de sua vida.

Embora freqüentasse a psicoterapia com regularidade durante um ano, Ralph não revelou a intensidade da sua ansiedade e depressão. Ele sentia-se humilhado por não poder viver de acordo com suas próprias expectativas de perfeição. Ralph nunca tinha tido uma relação estreita com o pai, mas sempre desejara tê-la. Como o pai jamais partilhara nada do seu mundo interior, Ralph tinha moldado sua própria mitologia sobre o modo como a mente dele funcionava. O mito declarou que seu pai era perfeito, tanto em suas visões de negócios, quanto na própria consecução delas; qualquer que fosse o plano para ganhar dinheiro, ele era sempre muito bem realizado. Este mito não era apenas falso; era diametralmente oposto à realidade.

Ralph, assim como muitos daqueles imersos no medo, não acreditava que poderia haver uma forma diferente de lidar com a sua ansiedade. Também não enxergava que as respostas para suas angústias residiam dentro dele. Só quando começou a mudar suas crenças, acreditando na possibilidade de cura, pôde descobrir que a resposta residia em seu coração. Ralph chegou a uma encruzilhada: ele podia continuar a viver de seu jeito, levando uma vida de pesadelo em meio ao caos, ou poderia buscar uma alternativa. Foi nesta altura que Ralph se viu cansado de tomar o mesmo caminho de sempre, chegando a um beco sem saída insatisfatório, baseado no medo e na apreensão. Nesse momento, tornou-se consciente de que seu comportamento destrutivo estava afastando as pessoas mais próximas.

Ralph finalmente percebeu que estava irritado com seu pai e que tinha reprimido esta raiva por muitos anos. Lentamente, foi capaz de admitir que o seu pai era como todos nós, imperfeito. E conseguiu enfrentar a triste realidade de que ele nunca tinha estado a seu lado e nunca lhe ensinara como usar seus próprios recursos internos. Ralph reconheceu que não poderia nunca se reunir a seu pai e tentar reparar as suas relações, mas concluiu que poderia aprender a curar-se.

Ele fez um esforço concentrado para ser menos superprotetor em relação a seus filhos e menos possessivo quanto à sua esposa. Ao invés de pressioná-la enormemente, exigindo a sua presença em todos os momentos, Ralph aprendeu a ser solidário com o desejo dela de controlar o diabetes. Ralph mostrou uma boa indicação de que já não negava sua angústia, quando se abriu à discussão de suas preocupações e receios de uma forma sincera. Ele atingiu um novo marco quando aceitou que os medicamentos ansiolíticos poderiam se tornar uma ferramenta útil durante suas crises.

Nenhuma destas transformações teria sido eficaz sem a corajosa determinação de Ralph em melhorar a qualidade da sua vida. Sua viagem continua.

Elaine G., a mulher de trinta e oito anos do capítulo 2, também teve um problema com os pais. Sua mãe foi uma executiva proeminente, cujas viagens a distanciavam de sua casa a maior parte do tempo, portanto Elaine foi criada por babás. Sua mãe tinha se casado duas vezes. O pai de Elaine morrera quando ela estava com sete anos, e não se lembra se ele prestava muita atenção à filha. O segundo marido não trabalhava, vivia bolando esquemas para enriquecer da noite para o dia. Como não tinha um tostão, dependia do dinheiro da esposa para consolidar os seus projetos, que ela continuou fornecendo, embora esses projetos invariavelmente falhassem.

Ela descreve sua mãe como exigente e não afetuosa. Enquanto esperava que Elaine ganhasse todos os concursos que participasse, e que tivesse bom desempenho acadêmico, era indiferente se a filha se sentia feliz ou não. Elaine supunha que a mãe a visse mais como um objeto, menos como filha.

A associação de sua constante ausência com a incapacidade de criar Elaine impediu a ligação mãe-filha. Por isso, Elaine foi mais chegada à sua babá favorita, Beth, a antítese da mãe. Se Beth notasse que Elaine estava temerosa por qualquer razão, ela a consolaria e não permitiria que a menina ficasse por si só. Em conseqüência dessa intervenção contínua, Elaine nunca aprendeu como se acalmar sozinha. Então, seus medos transformaram-se em crises de pânico.

Beth executou as funções maternais da mãe de Elaine e seus valores eram muito diferentes dos dela. Enquanto a mãe focava em dinheiro e posição, Beth concentrou-se em relações próximas e sinceridade. Elaine se movia interiormente do mundo de sua mãe ao mundo de Beth.

Aos vinte e três anos, Elaine casou-se com Craig, um homem muito rico. Sentia-se bem por casar-se com alguém como ele, que além da estrutura financeira, possuía uma aura de invencibilidade, fazendo-a sentir-se protegida. Ela também adorava as festas a que compareciam regularmente.

Gradualmente, o afeto de Craig diminuiu, ausentava-se de casa e distanciou-se também sexualmente. Ele nunca explicou o que estava acontecendo, e negava que algo estivesse errado. Elaine interpretou o desafeto como rejeição, sentia-se infeliz e sua sensação de solidão intensificou-se. Um dia, ela retirou-se do casamento, que havia durado quinze anos.

E retirou-se também de um estilo de vida. Elaine ficou surpresa quando os "amigos" não mais falavam com ela. Simultaneamente, os convites para eventos sociais deixaram de chegar. Seu mundo desintegrava-se e Elaine, soterrada pela tristeza do casamento rompido, sentia-se um fracasso.

Bem articulada, Elaine tinha passado muito tempo formulando as razões por que buscaria a terapia. Durante a primeira sessão, ela falou sobre as crises de pânico que a acompanhavam desde a infância. Queria entender sobre estas crises e saber como acabar com isso. Com medo de se ver só, montava uma agenda diária que garantisse não ficar sem companhia por um instante sequer.

Nesta fase, sua mãe estava idosa e doente. Ao mesmo tempo em que se preocupava com a saúde da mãe, Elaine vivia emoções confusas. A maioria delas era raiva pelas negligências enquanto crescia. Imaginava se seria possível tratar desses assuntos com sua mãe e se ela estaria disposta a isso.

Ela descreveu os sintomas de suas crises de pânico: rápidos batimentos cardíacos, sudorese e uma sensação de medo preenchendo seu corpo; logo sentia que o pânico iria durar para sempre, incerteza sobre o que fazer para se acalmar, hiperventilação. As crises de pânico começam quando parece não haver ninguém presente; podem acontecer quando ela está dirigindo e, repentinamente, nota que está sozinha. Neste caso, ela vai à procura de outras pessoas. Quando vê alguém, ou mesmo outro veículo em movimento, a sua tranqüilidade volta. Elaine diz que as suas crises de pânico são causadas pela sensação irracional de que todo o mundo a abandonou.

As crises de pânico de Elaine não são apenas estressantes; também tendem a diminuir a sua auto-estima e confiança. Como Elaine acredita que precisa ter uma relação com um homem para sentir-se segura, escolhe homens que estarão à sua disposição. Esse tipo de relação é insatisfatório, porque a única conexão com o parceiro reside na necessidade de ela nunca estar sozinha. Enquanto esses homens tendem a fazer-se presente sempre que ela solicite, eles não satisfazem suas necessidades intelectuais, profissionais ou criativas.

As crises de pânico originaram-se na infância de Elaine. Os pais não estiveram envolvidos no desenvolvimento emocional da filha. Mesmo sabendo que ela ficava nervosa com a perspectiva de ficar só, nada fizeram para a acalmar; eles transferiram essa responsabilidade para as babás.

Todas as crianças pequenas vivenciam o medo em suas vidas; de fato, a aprendizagem de que ter medo é uma coisa normal trata-se de um importante marco no desenvolvimento infantil. Pais envolvidos no crescimento emocional dos filhos devem tranqüilizá-los de que monstros não existem e devem ensiná-los a concentrar-se em outra coisa, se estiverem assustados. Esses pais incentivam os seus filhos a partilhar sentimentos de temor. Desta forma, eles podem ensiná-los a distinguir entre um medo irracional e um perigo real. Por exemplo, enquanto explicam que monstros não existem, podem ao mesmo tempo salientar que o valentão do bairro é alguém a ser evitado. Se uma criança sai da cama no meio da noite, porque tem medo de ficar sozinha, a resposta adequada será acalmá-la e, em seguida, pedir-lhe para regressar ao seu quarto. Percebendo que seus pais não irão permitir que fique com eles, a criança vai tentar acalmar-se, talvez lendo o gibi do super-herói favorito e refletindo sobre o que leu. Ela vai procurar, dentro de si mesma, formas de enfrentar o medo.

Os pais de Elaine não fizeram nada parecido para ajudá-la a enfrentar e diminuir seus receios. Enquanto seus pais foram negligentes, a babá de Elaine foi emocionalmente intrusiva; ela pode ter incentivado a menina a ser excessivamente dependente dela.

O casamento de Elaine desmoronou gradualmente. Seu primeiro marido, Craig, não estava disposto a participar das sessões de terapia que discutiam seus problemas, e ele tornou-se cada vez mais distante com o passar do tempo. Embora Elaine tenha tomado as primeiras medidas para pôr fim ao casamento, ela ainda estava extremamente traumatizada três anos após o divórcio. Elaine amava os benefícios sociais do casamento, como as festas de caridade e os desfiles de moda. Suas pinturas eram freqüentemente expostas nestes eventos e, pela primeira vez, ela sentia que fazia parte de uma família, com um marido e dois filhos. Embora fosse extraordinariamente inteligente e criativa, Elaine parecia se deliciar com os deveres superficiais inerentes à esposa de um homem bem-sucedido.

Logo depois que seu casamento acabou, ela começou um relacionamento afetivo com outro homem. Tom gostava de viajar, divertir-se. Era um programador de computadores e já havia trabalhado em diferentes empresas num curto espaço de tempo. Era comum que ele estivesse disponível sempre que Elaine precisasse dele. Elaine descreveu-o como sendo agitado e inseguro. Depois que Tom foi dispensado do último emprego, empenhou pouco esforço em assegurar uma nova posição. Logo passou a viver do dinheiro de Elaine, e essa dependência financeira o tornou bastante ressentido. Elaine, por sua vez, queria que Tom estivesse em volta dela o tempo todo. Entretanto, as crises de pânico ocorriam com mais freqüência e intensidade. Elaine percebeu que Tom está desempenhando atualmente o papel de co-dependente; e também facilitando para que ela permaneça imóvel, paralisada pelo medo.

Não é surpresa que Elaine se sinta vulnerável e dependente. Enquanto ela tem o benefício da inteligência, dinheiro e luxos, sente-se culpada por acreditar ser um insulto a Deus ter recebido tantas bênçãos e não ser capaz de aproveitá-las. Sente-se uma ingrata, uma pecadora, e gostaria de retomar o controle de seu destino para viver a vida como acha que deveria.

Elaine está hoje comprometida a se libertar de seus medos. Tem se esforçado para tolerar situações em que esteja sozinha. Embora essas ocasiões sejam raras e passageiras, sua atitude não deixa de ser um grande passo.

Lucia é uma mulher de quarenta e cinco anos de Los Angeles. Ela esteve em terapia várias vezes para tratar do número irregular de dramas pessoais na sua vida. Quase a sua família inteira já morreu. Sua mãe faleceu de câncer quando Lucia tinha vinte anos. O seu pai morreu de um ataque de coração quando estava com trinta e cinco anos. Seu irmão mais jovem morreu de uma dose excessiva de heroína na sua adolescência. Anos depois, morreram outras irmãs e irmãos. Essas mortes deixaram-na emocionalmente danificada e confusa.

Lucia descreve sua mãe como uma mulher distante, e que passou a maior parte do tempo fechada no quarto. Na visão de Lucia, sua mãe era alcoólatra e deprimida e não se lembra de alguma vez ter oferecido qualquer suporte emocional ou louvado seus esforços. Quando cresceu, Lucia desejou livrar sua mãe de tanto sofrimento, mas não tinha idéia de como fazer isso. Esta incapacidade atormentou-a e deixou-a repleta de remorsos.

O pai de Lucia era policial e não ficava muito em casa. Lucia sempre achou que ela era a filha favorita e que ele a amou incondicionalmente. Entretanto, ele não parecia estar muito envolvido em sua vida. Seu pai nunca viu seu boletim escolar e não se preocupava se ela ia bem na escola ou não.

Quando Lucia tinha sete anos, uma de suas irmãs pressionou um travesseiro em seu rosto para sufocá-la, "Se você não tivesse nascido," ela gritou, "eu teria toda a atenção de mamãe e papai em vez de você." De algum jeito, que ela não sabe até hoje, Lucia conseguiu afastar a irmã, mas não contou aos pais sobre esse ataque, pois eles iriam ignorar o fato. Lucia já acreditava que a única pessoa com quem podia contar era ela mesma.

Os pais de Lucia não a ensinaram a lidar com a morte; como outros tópicos pouco confortáveis, aquilo era um assunto tabu. Esta regra não escrita, de não discutir assuntos potencialmente perturbadores, desempenhou um papel importante na vida de Lucia. Quando ela sentiu o choque pelas perdas em sua família, tentou afastar as suas sensações como se fossem inapropriadas. Havia aprendido que a tristeza, por exemplo, era uma emoção que não devia ser demonstrada, porque seus pais viam suas lágrimas apenas com indiferença.

Raiva, porém, era algo aceitável e até encorajado. Tudo bem se ela gritasse ou até agredisse o outro violentamente. Mas mesmo essas expressões de sentimento eram completamente inúteis, porque nada era resolvido.

Existe uma crença comum de que a expressão física ou verbal da raiva facilitará a liberação da hostilidade retida. Supostamente, a pessoa ficará calma depois, com uma sensação de paz interior. Na verdade, essa calma é momentânea. Em primeiro lugar, a tal "liberação" não resolve as questões que criaram a raiva. Golpear alguém ou quebrar alguma coisa traz o mesmo tipo de alívio de se achar um banheiro, quando se está necessitado. Agredir alguém provê uma adrenalina muito parecida com aquela que se obtém quando se ingere cocaína. Novamente, o pico é temporário. Ele desaparece rapidamente e é substituído pelo vazio, culpa e confusão.

Os membros da família de Lucia brigavam constantemente, por assuntos sérios ou triviais. As brigas não resolviam os problemas, mas eram um meio de expressão emocional que os distraía do alcoolismo da mãe depressiva e da adicção do irmão caçula.

Esse irmão caçula teve problemas com drogas desde a adolescência. Se o pai se ausentava nas crises, a mãe o acolhia. Este garoto não assumiu a responsabilidade pela sua própria vida, tendo em vista que a mãe nunca estabeleceu limites a ele. Ela acolheu a adicção do filho, ignorando e negando o uso de drogas. E incitou Lucia a ajudar seu irmão e que deveria ser gentil com ele. A mensagem que Lucia recebeu foi que ela era responsável pelo bem-estar do irmão. Por conseguinte, Lucia, como sua mãe, colaborou para o progresso da adicção dele. A personalidade de Lucia foi definida como co-dependente.

O comportamento co-dependente de Lucia a fez colocar as necessidades dos outros em primeiro lugar. Acreditava que o bem-estar daqueles mais próximos era seu dever básico, e sentia-se insegura se falhasse. Procurava, inconscientemente, criar relações com pessoas feridas emocionalmente. O seu comportamento assumiu um padrão: tentar dar suporte moral ou financeiro sem discriminação; amar pessoas desempregadas que não buscavam trabalho; envolver-se com alcoólicos e viciados em drogas que não tentavam a reabilitação; depressivos que evitavam a terapia; e doentes que faltavam às consultas. Apesar de sua inteligência e compreensão, Lucia não enxergava que os amigos ou os amantes não se esforçavam para a cura deles. Além disso, a fixação de Lucia em ajudar os outros a impediu de ocupar-se de suas próprias necessidades, um efeito bastante comum em quem é co-dependente. De fato, Lucia não pensou nos seus próprios anseios emocionais ou profissionais; ela iria se sentir culpada e, portanto, os deixava de lado.

Quando os membros da sua família morreram, um após o outro, Lucia não conseguiu sentir o luto, porque não tinha aprendido o que era isso. Outra conseqüência desse torpor foi achar que não tinha feito o bastante para salvá-los da morte, além de se perguntar "Por que ela se tornara a única sobrevivente da família?".

Sua relação com Silvia, a irmã que tentou sufocá-la quando criança, ilustra bem os efeitos da combinação daqueles sentimentos. Silvia foi sempre doente e nunca teve um emprego. O seu pai proveu-a até morrer, quando então foi aposentada por invalidez; sofria de extrema depressão e sempre acreditou que, desde que Lucia nasceu, os pais deixaram de dar atenção a ela. Seus únicos interesses eram comer *junk food* e ver televisão.

Por mais que Lucia achasse sua irmã exigente e sem consideração, Silvia a tinha programado para acreditar que era sua responsabilidade largar tudo que estivesse fazendo para vir ajudar a irmã mais velha. Silvia tinha artrite, entre outros dolorosos problemas de saúde, mas ainda assim era uma paciente muito rebelde. Ela tomava seu medicamento de maneira inconstante, não comia alimentos saudáveis e se recusava a se exercitar. Silvia queixava-se a Lúcia sobre a sua situação, mas não fazia qualquer esforço para ajudar a si mesma. Tudo isto aumentava o sentimento de culpa de Lucia. Ela sofria até de dores de estômago, na tentativa de descobrir o que fazer para deixar Silvia mais feliz. Só muito mais tarde Lucia se deu conta de que Silvia devia ser responsável por sua própria felicidade.

Essa revelação surgiu pouco antes da morte de Silvia, que tinha desenvolvido problemas no coração. Lucia visitava-a diariamente, uma rotina estafante depois de 10 horas de trabalho. Gradualmente, percebeu que não adiantava dar apoio, orientação ou seja lá o que fosse, nada ajudava. Silvia, ressentida por mais de 40 anos, ainda continuava telegrafando a mensagem de que a existência de Lucia era a razão de sua miserável vida. Lucia lhe "devia" a atenção dos pais, "roubada" dela após seu nascimento. Finalmente, Lucia percebeu que esta "dívida" nunca poderia ser reembolsada, porque era impossível pagar por um crime que ela não cometera.

Um dia, Silvia ligou para Lucia no trabalho e, como não a encontrou, deixou um recado na caixa postal. Lucia, exausta de confortar sua irmã sem resultado, achou que era hora de Silvia assumir algumas responsabilidades e não retornou a ligação. Naquela noite, Silvia foi internada com problemas cardíacos e, apesar dos conselhos médicos, recusou-se a fazer alguns testes e foi para casa. Dias depois, teve um infarto fulminante.

Lucia teve sentimentos contraditórios quanto à morte de sua irmã. Por um lado, sentia-se culpada por não estar com ela em seus últimos momentos; por outro, estava zangada com Silvia, porque os descuidos com a própria saúde causaram sua morte prematura, aos cinqüenta a três anos. Lucia também estava triste, porque sua irmã não aproveitou as oportunidades que a vida ofereceu: nunca teve um relacionamento duradouro, nem fora à universidade ou tivera uma carreira.

Ao examinar a própria vida, Lucia percebeu que sua personalidade havia sido moldada pela relação tumultuosa com uma família disfuncional. A partir deste momento, compreendeu melhor o conceito de limites pessoais e dedicou-se mais a si mesma, sem sentir-se egoísta. Além disso, foi capaz de tolerar as sensações variadas que sentia sobre sua irmã. Finalmente, deixou de ter medo de enfrentar os sentimentos confusos e contraditórios que tinha sobre todas as mortes na sua família.

Camille P. é uma mulher de cinqüenta anos, que vive no sul da Califórnia, nos Estados Unidos. Sua mãe era branca e seu pai, filipino. Ela começou a fazer terapia há alguns anos, logo após o falecimento do marido. Camille hoje é uma mãe solteira, criando três filhos. Ela tem alguns familiares e amigos vivendo na mesma região, mas os pais morreram anos atrás. Camille está acostumada a cuidar de si mesma e não procura ajuda ou apoio de ninguém.

Camille viveu uma infância em constante estado de tumulto e agitação. Sua mãe sofria de esquizofrenia, um transtorno mental que lhe atormentava freqüentemente com alucinações visuais e auditivas; infelizmente, esse diagnóstico só foi determinado após sua morte. Camille descreve sua mãe como portadora de um comportamento perturbado; quando ficava zangada, ela também se tornava fisicamente e emocionalmente agressiva e explodia em ataques de fúria incontroláveis, durante os quais quebrava vidros, chorava e repetia os palavrões que, segundo afirmava, as pessoas da vizinhança dirigiam a ela.

Seu pai era um alcoólatra fora de controle. Passava a maior parte do tempo longe de casa; na verdade, ele tinha uma outra residência, em uma cidade a 60 quilômetros de distância, onde trabalhava como cozinheiro. Camille se lembra que seu pai nunca estava por perto e nos raros momentos que isso acontecia, ele passava a maior parte do tempo sentado na cozinha, bebendo. Camille aprendeu muito cedo a ficar afastada dos pais, tanto quanto fosse possível, uma vez que a raiva de sua mãe era freqüentemente dirigida a Camille e a seu pai. Este, por sua vez, se tornava belicoso quando bêbado, muitas vezes tornando-se física e emocionalmente agressivo com a filha.

Camille cresceu em uma casa de dois andares, na qual a principal área comum ficava no andar de cima. No térreo, estavam a garagem e um quarto adicional, bem distante do resto da casa. Quando Camille estava com sete anos, a mãe decidiu que sua filha deveria morar naquele quarto sobressalente. Era um quarto frio e remoto, com janelas enormes em três das paredes. As janelas não tinham cortinas, e uma lâmpada solitária brilhava no teto. Seus pais colocaram ali uma cama, e Camille mudou-se para esse espaço na esperança de escapar dos maus tratos dos dois. Ela passava a maior parte de seu tempo lendo ou desenhando, mas podia ouvir os gritos da mãe, que ecoavam pelo duto de ventilação. A porta do quarto tinha uma pequena janela, através da qual Camille podia ver a porta da frente da casa, no final de um longo corredor.

Camille tinha dez anos quando viveu um domingo incomum. Seu pai estava em casa, o que não era normal, e ela estava no andar de cima, nessa noite, quando escutou sua mãe chorar. Lá pelas onze horas, ela desceu para o seu quarto e, minutos depois, ouviu uma explosão vindo do andar superior. Olhou pela janela mas não viu nada. Quando abriu a porta, porém, escutou a voz do irmão chamando os paramédicos e dizendo que alguém tinha levado um tiro. Sua mãe mantinha uma arma carregada ao lado da cama e Camille concluiu que um dos pais tinha sido atingido. Em pânico, saiu do quarto e começou a subir as escadas, quando seu irmão apareceu e lhe disse para ficar em seu quarto, até que alguém fosse buscá-la. Ela obedeceu, e lembra de ter visto a polícia e os paramédicos entrando, subindo a escada e, logo em seguida, descerem com uma maca e um corpo totalmente coberto. Camille esperou a noite toda em seu quarto, mas ninguém apareceu; ela ficou tentando adivinhar qual dos pais havia morrido. Aparentemente, ninguém se lembrara de que ela estava lá... O dia seguinte era dia de aula e Camille se vestiu e subiu até a cozinha. Quando o pai a recebeu no alto da escada, ficou evidente que sua mãe tinha morrido. Ele contou que sua mãe havia se suicidado e levou-a até o quarto: uma imensa mancha de sangue ensopava o carpete. Então, ele lhe perguntou: "Sua mãe morreu, você quer ir à escola?" Em choque, Camille disse que sim, ela queria ir à escola. Logo em seguida, suas duas irmãs mais velhas chegaram e decidiram que ela não devia ir. Passaram o resto do dia organizando o funeral e, quando retornaram, viram que todos os pertences e roupas da mãe tinham desaparecido, inclusive os bichinhos de estimação de Camille, um cãozinho e um coelho. Ninguém nunca perguntou o que acontecera e esse assunto não foi discutido durante anos.

Seu pai mudou-se para outra casa, levando Camille e seu irmão. Eles viviam praticamente por sua conta, já que o pai passava dias sem voltar. Seja o que for que ele andasse fazendo, os filhos logo notaram que ele também procurava por outra esposa, já que sempre levava mulheres para apresentar a eles. Apenas seis meses após a morte da mãe, o pai casou-se novamente e sua nova vida não incluía Camille ou o irmão. Ela nunca mais voltou a morar com o pai.

Agora vivendo com uma das irmãs, Camille começou a ter problemas com dores de garganta. Os agravos se tornaram tão freqüentes que ela fez uma cirurgia de remoção das amídalas. Como morava com sua irmã antes da cirurgia, Camille achou que, quando saísse do hospital, voltaria para a casa dela. Mas, foi levada para a "casa" que seu pai havia alugado para ela e seu irmão, onde deveriam viver por sua conta.

O pai havia retirado o carpete do quarto da mãe e instalado na nova casa, no quarto que seria de Camille. Ela se lembra de ver, com horror, as manchas de sangue da mãe e pensar por que motivo seu pai havia feito aquilo. Ele não tinha visto as manchas? Ou estava tentando economizar dinheiro com um novo carpete? Ou simplesmente não dava a mínima aos sentimentos das crianças?

O irmão de Camille, três anos mais velho, batia nela regularmente. Ela nunca contou ao pai, porque sabia que ele não se importaria com o que estivesse acontecendo. E como não podia confiar em ninguém da família, passou a contar apenas consigo mesma para sobreviver. Mesmo sozinha, completou seus estudos. Já adolescente, arrumou trabalho. Com dezessete anos, mudou-se para outra casa e passou a trabalhar em dois empregos para poder se sustentar.

Quando começou a terapia, Camille era executiva de uma empresa de softwares. Adorava o seu trabalho e se dedicou a ele de tal forma que, durante um tempo, pode se desconectar da dor pela perda do marido.

Camille, contudo, sentia profundamente a dor de suas crianças e estava disposta a fazer praticamente tudo que pudesse para amenizar a perda. Mas, permitia que eles fossem desrespeitosos sem qualquer conseqüência significativa; não os repreendia ao desobedecerem as regras ou quando iam mal nos estudos; Camille não estabeleceu limites. Na verdade, isso é uma reação comum. A perda de uma pessoa próxima faz com que os pais se sintam tão mal pelos filhos que acabam por permitir que eles façam de tudo. Além disso, os pais estão imersos de tal maneira em sua própria dor, que não têm energia para oferecer conforto e orientação a quem quer que seja.

Camille e os filhos continuaram sua vida assim durante anos. Os meninos tiveram um período difícil na adolescência, porque não tinham instrumentos para viver como adultos.

Desde a morte do marido, Camille tentou vários relacionamentos e todos os homens apresentavam as mesmas características: temperamento imprevisível; problemas emocionais; uma atitude carinhosa no começo que se transformava, mais tarde, num tratamento rude. E ela, apesar de perceber os problemas, tinha dificuldade em terminar os relacionamentos. Camille suportava as agressões durante muito tempo, inclusive daqueles que, sob influência do álcool, se tornavam violentos, antes de tomar alguma atitude.

Camille deseja, sim, uma relação íntima, mas escolhe homens que depois deixam-na desapontada. Quando confronta esses homens quanto às suas ações insensíveis, ela inevitavelmente vence qualquer discussão, porque eles, em geral, não a desafiam intelectualmente, mas sim emocionalmente. Camille espera, de maneira inconsciente, moldá-los de acordo com suas fantasias; uma expectativa inexeqüível, por isso seu desapontamento. Camille sabe que ela mesma é parcialmente responsável pela sua decepção.

Camille cumpria todas as exigências de um superfuncionário. Era criativa e trabalhava duro até que o trabalho fosse feito, nem que precisasse ficar no escritório por doze horas, todos os dias. Mergulhada no trabalho, esquivou-se dos problemas pessoais. Então, começou a sentir-se cada vez mais cansada, com pouco apetite e foi diagnosticada com lúpus. Não há cura conhecida para o lúpus, que pode ser fatal, embora seja possível tratar com esteróides e outras medicações pesadas, que podem trazer efeitos colaterais como sobrepeso, letargia, erupções na pele, falta de concentração, depressão e mudanças abruptas de humor.

Camille não pôde mais trabalhar e solicitou aposentadoria por invalidez. A empresa de previdência não tem sido de muita ajuda e tenta obstruir todas as iniciativas para conseguir sua aposentadoria. Atualmente, Camille não sabe como ela se sentirá quando desperta de manhã. Em alguns dias, ela acorda com energia e sente-se otimista quanto ao futuro. Em outros, acorda febril e com dores de cabeça, o que a faz sentir-se sem esperança.

Tudo isso tem sido devastador, porém, Camille avalia as diversas opções e faz planos baseados em cada uma delas: ignorar o processo de aposentadoria por invalidez e tentar trabalhar; pesquisar tudo que for possível sobre os seguros de invalidez; tentar conseguir fundos para contratar um advogado; ou desistir. Ela é uma sobrevivente, por isso não vai desistir. Na verdade, muitas crianças vítimas de violência acabam desenvolvendo incríveis habilidades de sobrevivência. Sem o apoio dos pais ou de parentes, elas encontram dentro de si forças para sobreviver e serem bem-sucedidas.

Mesmo com a saúde e as finanças em crise, Camille está determinada a resolver seus problemas afetivos. Ela agora entende que ter relações com homens que não sabem de suas feridas emocionais lhe dá um sentido de controle, segurança, que não possui em nenhum outro aspecto de sua vida. Um homem com quem ela se envolveu recentemente era desatento e egoísta, e Camille não teve nenhuma inibição em confrontá-lo. Ele estava mais preocupado com um problema no motor do carro do que com a sua doença debilitante. Camille fez uma análise detalhada do seu comportamento sem agredi-lo e, ao fazer isso, pôde se distrair de suas aflições.

Camille, surpreendentemente, não está concentrada apenas em sua sobrevivência. Ela também está buscando paz e felicidade e percebeu que suas relações com homens problemáticos se devem ao seu relacionamento infeliz com o pai. Como ele era distante, Camille achava que, se pudesse apaziguar sua dor e fazê-lo parar de beber, ele a inundaria com afeto. Ela reconhece que tem repetido esse comportamento com todos os homens de sua vida e está procurando uma solução. Quando cuidou de seu pai, após uma cirurgia de câncer, sentiu-se próxima e procurou compreendê-lo, porque, assim fazendo, poderia ao mesmo tempo compreender a si mesma.

Sarah W., que tem quarenta e três anos, se deu conta um dia de que tinha passado a maior parte de sua vida em depressão. Dormia por prolongados períodos e, quando acordava, sentia-se letárgica, sem esperança e descontrolada. Vivia preocupada com o bem-estar dos outros, mas era bastante pessimista.

Os pais de Sarah eram pobres e viviam em uma pequena cidade. O pai trabalhava em uma fábrica, enquanto a mãe cuidava de Sarah, seus dois irmãos e uma irmã. Sarah saiu de casa com 18 anos e, em Los Angeles, encontrou o executivo de um banco, um homem que estava crescendo na carreira. Ela vislumbrou nele um meio de escapar da pobreza. Teve dois filhos, mas logo ficou evidente que seu marido era um alcoólatra preocupado apenas consigo mesmo. Sarah passou a maior parte do tempo tentando compensar a falta de amor e afeto das crianças, por parte do pai. Mesmo crescidos, Sarah continuou tentando protegê-los das agruras do mundo.

Sarah crescera numa cidade onde todos eram pobres. Seu pai trabalhou na mesma fábrica durante 30 anos, sem receber uma promoção e sem reclamar. Ele achava que seja qual fosse o carro, o emprego ou a casa que você tivesse, aquilo era exatamente o que você deveria ter e não deveria se queixar. Seu pai acreditava que uma pessoa não tinha o direito de aspirar nada além do que a vida tivesse oferecido até ali. Quando Sarah lhe falou sobre ir a universidade, ele riu e respondeu: "As mulheres não vão a universidades; elas devem ficar em casa, ter bebês e cuidar de seus homens."

Não havia nenhuma alegria naquela casa. Todos os dias, em pura monotonia, seu pai acordava e ia trabalhar, voltava para casa, tomava duas cervejas e ia dormir, repetindo esse comportamento até morrer. Ele bebia muito mais do que apenas duas latas, mas ela não se lembra de ele ter sido um bêbado violento. O que está mais presente em sua memória é o fato de que ela se tornou invisível para ele, que considerava as mulheres inferiores aos homens. Enquanto seus irmãos tinham várias roupas, ela devia se virar com apenas um vestido. Os seus pais não a cumprimentavam pelas boas notas na escola: na verdade, eles viam nisso uma ameaça à ordem natural das coisas.

A tarefa da mãe era manter a rotina estabelecida pelo pai, limpando a casa e comprando alimentos e bebidas. Sarah nunca sentiu que a mãe pensasse em protegê-la, e um evento traumático apenas confirmou essa sensação. Um dia, quando Sarah tinha oito anos, foi deixada aos cuidados de um tio. Ele a perseguiu pela casa e acabou por acariciá-la. Aterrorizada, contou tudo à sua mãe apenas para ouvir: "Mas isso não pode ser verdade. Por que está zangada? Ele é tão bom para você!" A mãe de Sarah era a rainha da negação. Não acreditava no abuso sexual sofrido pela filha, nem discutiria a possibilidade do marido ser um alcoólatra. Essa atitude deixava a filha insegura.

Quando seus filhos estavam na adolescência, Sarah começou a fazer terapia. Ela sofria de crises de pânico e sua depressão estava tão aguda que já pensava em suicídio. Durante várias noites por semana esvaziava uma garrafa de vinho e não agüentava mais as agressões do marido contra si e seus filhos. O marido havia se tornado mais e mais intolerante ao longo dos anos, e não levava em conta as queixas de Sarah, exatamente como seus pais haviam feito anos atrás.

Até que um dia Sarah pediu o divórcio, um movimento que surpreendeu e assustou seu marido. O processo foi carregado de hostilidade. O marido de Sarah recusou-se a sair de casa até muito depois do divórcio ter sido assinado. Desenvolveu problemas de saúde por causa da bebida e do descuido consigo mesmo. Depois de algum tempo mudou-se para um condomínio distante, mas insistia em passar as férias com Sarah e as crianças. Ele também fazia questão que Sarah o levasse às consultas médicas e ela obedecia.

Nos primeiros momentos do divórcio, Sarah atendia às exigências porque se sentia responsável por ele. Parecia que, por toda a vida, era responsável pelo bem-estar de quem fosse próximo a ela. Finalmente percebeu que esse objetivo era inatingível, não só porque os membros de sua família fossem difíceis de agradar, mas também porque era impossível que ela removesse os obstáculos que os faziam sofrer. Só eles podiam conseguir aquilo.

Lutando contra a dor emocional não expressa que seu marido sentia, Sarah negligenciou as suas próprias necessidades, embora ela não soubesse quais eram. Ela não sabia, também, porque seu marido sofria tanto, mas achava que era seu dever ajudar. O fato de ele negar que tivesse qualquer problema apenas tornou tudo mais difícil.

Foi na terapia que Sarah notou as semelhanças entre seu casamento e o de sua mãe. O pai e o marido eram parecidos. Ambos eram alcoólatras insensíveis, que acreditavam que as mulheres eram inferiores aos homens. Eles eram homens desprezíveis, que tratavam Sarah como se ela fosse um móvel da sala de jantar. Somos susceptíveis a sermos atraídos por parceiros que compartilham traços de personalidade com os nossos pais, porque são características familiares de pessoas que foram modelos para nós enquanto crescíamos. Nós nos sentimos confortáveis e seguros, e essa familiaridade permite que nos conformemos com modelos enraizados desde a infância. Esse relacionamento é também um esforço inconsciente para entender o que deu errado em nossas relações com nossos pais.

Depois do divórcio, Sarah começou a ter crises de pânico e palpitações cardíacas, seguidas de desorientação e hiperventilação. Isso a obrigou a refletir sobre o que a perturbava. Em primeiro lugar, ela devia encontrar uma ocupação que a sustentasse. Depois, precisava decidir onde morar e se queria que os filhos, agora adultos, morassem com ela. Sarah também se deu conta de que não tinha uma identidade própria, a não ser aquela de uma pessoa que cuidava dos outros. Possivelmente, esse foi o aspecto mais assustador de sua nova vida, o que a deixou nervosa e temerosa quanto ao futuro.

Durante uma de nossas sessões, Sarah teve uma crise de pânico enquanto falava sobre seus problemas. Ela não sabia como sair deste estado e respirava rapidamente, com óbvio desconforto. Então, perguntei: "Você gosta da Joan Armatrading?" Ela sorriu, e passamos a falar sobre a música de Armatrading durante uns cinco minutos. Sarah logo percebeu que a crise havia passado. Ela havia aprendido a técnica da distração e logo compreendeu que poderia enfrentar seus problemas, um de cada vez.

Sarah sempre desejou ser decoradora de interiores, desde menina, e, finalmente, realizou este sonho quando abriu o seu próprio negócio. Ela também decidiu mudar de casa e nunca mais retornou as ligações do ex-marido. Fez novas amizades e deixou de beber. Ao enfrentar a questão do abuso sexual de seu tio, reconheceu que isso teve um efeito profundamente negativo na sua auto-estima e no sentido de segurança. Ela estimulou seus filhos a serem independentes e agora cada um vive em sua própria casa. Sarah desenvolveu os seus próprios limites e descobriu um mundo interior, onde pôde experimentar a felicidade.

Joan H. tem vinte e nove anos e sobressaiu-se no teatro desde pequena, obteve uma bolsa de estudos na universidade por causa de suas habilidades cênicas. Na superfície, Joan sempre pareceu ser uma criança feliz, bem-ajustada e que amava cada momento ensolarado de sua vida. Ela foi popular na escola e participou de muitas atividades na comunidade. Joan tinha ótima reputação com os professores por trabalhar duro, estudar e dedicar-se com afinco ao teatro. Nenhum dos seus amigos ou professores sabia da angústia que a assolava diariamente.

O pai de Joan era também um ator, mas menos talentoso que a filha e sempre teve dificuldade em aceitar esse fato. Ele a menosprezava constantemente, sendo crítico o tempo todo. Se ela tirasse uma nota B, em vez de A, ele dizia que ela era uma estúpida e que nunca seria alguém na vida. Quando ela recebia aplausos sobre sua atuação no teatro, ele disfarçaria o seu desdém "com uma crítica dita construtiva." Além disso, o pai de Joan odiava cada aspecto da sua própria vida. Ele não gostava de seu emprego porque era maçante, desprezava e ignorava a esposa e vivia ressentido por ter que sustentar seu desorientado irmão mais novo.

Esse irmão, tio de Joan, a torturava, literalmente, quase todo dia. Ele a amarrava e batia nela, mas como as manchas roxas ficavam escondidas sob a roupa, Joan podia ir à escola sem que ninguém percebesse nada. Seu tio ameaçava violentá-la e ele realmente a atacou algumas vezes. Joan queixou-se aos seus pais do abuso físico, mas manteve em segredo a violência sexual. O pai simplesmente não acreditou; disse que ela inventava histórias para chamar atenção. A mãe prometeu que falaria com o tio para parar com as agressões. Ele garantiu que iria parar e, no dia seguinte, recomeçava tudo de novo. Joan sentia-se insegura em sua própria casa e temia falar das violências para outras pessoas com medo de retaliação por parte do tio.

Joan aprendeu a conter a sua tristeza e raiva. Quando se nega os sentimentos, porém, eles não desaparecem. Eles reaparecem como desconfortos físicos: dores de cabeça, de estômago ou nos músculos.

Quando Joan entrou na adolescência, a raiva desaguou para fora de sua alma atormentada. Ela passou a ter explosões de fúria se achasse ter sido desrespeitada por algum colega. Joan ameaçava bater em qualquer um que a tivesse traído ou magoado, em sua opinião. Embora ela continuasse sobressaindo-se na escola e no teatro, estava claro a todos que a conheciam bem que Joan estava profundamente incomodada com alguma coisa.

Com dezoito anos, ela foi para a universidade e sua vida entrou em uma espiral descendente. Finalmente, estava livre dos insultos do pai e do terrorismo do tio. Ela deveria estar aliviada, mas não foi assim que reagiu. Joan amorteceu suas emoções, sucumbindo aos efeitos anestesiantes da maconha e do álcool, que foram usados para combater a solidão intensa durante o primeiro semestre na faculdade. Ela achava os estudos difíceis e as aulas chatas e irrelevantes. Joan teve vários namorados que pareciam estar mais interessados em sexo do que nela, e se mostrava incapaz de encontrar um professor que a orientasse ou em quem pudesse confiar.

Joan se viu num processo de autodestruição quando começou a perder os ensaios e as aulas de teatro. Terminou o primeiro semestre com a menor nota em todas as matérias, o que confirmou a falta de confiança de seu pai em sua capacidade. Sua mãe apenas meneou a cabeça e não ofereceu nenhum apoio. Foi então que Joan desistiu da faculdade e buscou tratamento para as drogas e álcool. Foi trabalhar numa fábrica e arrumou um apartamento, o que lhe devolveu a confiança. Ela morava longe dos pais e do tio, começou novas amizades e estava conseguindo ficar sóbria e limpa.

Muitos anos depois, Joan casou-se com um piloto de aviões comerciais e dava aulas de teatro para crianças. Estava contente com sua vida mas, subitamente, os problemas do passado emergiram.

No começo do casamento, a escala de serviço do marido permitia que ele ficasse em casa a maior parte do tempo. Mais tarde, porém, essa agenda mudou e ele ficava longe duas semanas por mês. A solidão passou a dominar o mundo de Joan, que chorava de manhã à noite na semana em que o marido estava viajando. Então, ela passou a ter um caso com um colega do trabalho.

Esse homem contou a Joan sobre sua infância: seu pai o espancava por prazer e sua mãe tentara envenená-lo. Ela achou essa história pessoal tão intoxicante quanto as drogas e a bebida e tornou-se adicta desse homem, precisando saber onde ele estava a cada minuto. Joan tomou para si a missão de reparar o que estivesse partido dentro dele: comprou-lhe CDs, escreveu poemas, levava sua sobremesa favorita, tudo na tentativa de levantar seu humor. Mas essa tarefa era ingrata. Por mais que fizesse, não conseguia fazê-lo sair da inatividade.

Sua salvação tornou-se a prioridade número um de Joan. Quanto mais ele rejeitasse os esforços, mais ela ficava determinada em continuar. Ela estava tão envolvida no processo que não enxergava o que estava realmente acontecendo, que a responsabilidade por sair desse buraco era apenas dele. No entanto, Joan sabia que esse relacionamento era errado e procurava meios de terminá-lo. Foi fazer terapia mais uma vez, porque queria entender os motivos que a levaram a esta confusão autodestrutiva, que colocava em risco seu casamento e seu bem-estar.

Foi quando entendeu que, desde a infância, sentia que ninguém estava a seu lado quando precisava de ajuda. Seu pai a cobria de sarcasmo, seu tio a torturava física e sexualmente e sua mãe fingia que nada estava acontecendo. Joan não conseguia se fazer ouvir. E ela percebeu, também, que não sabia realmente se aproximar de alguém. Suas tentativas de salvamento eram a forma de conseguir intimidade e, aos poucos, Joan entendeu do que se tratava. Se ela conseguisse resgatar esse homem de seus demônios, ele poderia lhe dar o amor que nunca havia recebido de seus pais.

Joan é uma mulher inteligente e engenhosa, cujo novo discernimento está permitindo que deixe lentamente uma relação disfuncional. Ela ainda se encontra com esse homem, embora tenham deixado de ter relações sexuais há meses. E ela ainda fica magoada quando ele a desaponta, mas cada um desses encontros tem agora um efeito esclarecedor: essa relação tem de terminar completamente. Joan relatou que o casamento com o marido está melhorando. Ela está apreciando cada momento juntos e tem se aberto mais do que fazia antes. Vem também buscando maior compreensão sobre o papel que a violência física e sexual tiveram em sua vida. Ela é valente e determinada. E está conseguindo construir uma nova vida.

William C. é um homem de trinta e cinco anos que fez terapia três anos atrás, quando estava em crise. Seu casamento estava com problemas e sua vida profissional entrara em colapso. Sofria ainda de problemas físicos: por causa das dores intensas causadas por um acidente de moto, tornara-se dependente de analgésicos. Mas ele não sofria em silêncio: ele envolvera a família, os amigos e colegas de trabalho em seu drama diário.

William e a esposa se amavam muito, mas não sabiam como satisfazer as carências emocionais um do outro. Suas discussões terminavam em violência doméstica e destruição de objetos. A polícia havia interferido várias vezes e ambos haviam sido processados. Seu relacionamento consistia de crises pessoais, rejeição e caos. De tempos em tempos, saíam de casa e se hospedavam com amigos ou parentes.

Como William contava a todo mundo sobre seus problemas, as novas ocorrências serviam de entretenimento para os habitantes da pequena cidade onde moravam. Ele era capaz de relatar os detalhes mais íntimos até para um estranho porque, como estava sempre numa busca desesperada por aprovação, imaginava que se fizesse isso conseguiria fazer amigos de verdade, porém, seus amigos o evitavam. Quando muito, pagavam sua fiança ou o manipulavam financeiramente. William estava se sentindo amargo e ressentido.

Como empreiteiro, William tinha desenvolvido um negócio próspero, mas de vez em quando tinha discussões ásperas com alguns clientes, sentindo-se vítima deles. Ele acreditava que todos eram responsáveis pelo seu casamento tumultuado, amizades destrutivas e sua adicção pelas drogas.

O acidente de moto tinha prejudicado severamente o seu joelho. Durante a recuperação da cirurgia, a dor intensa o levou à dependência de Vicodin e de outros analgésicos. O Vicodin tem princípio opiáceo, relaxa o corpo e a mente, podendo levar a um estado de euforia. William experimentou esse efeito, mas como sua tolerância às drogas aumentava, precisava de uma dosagem cada vez maior. Quando percebeu que a dosagem prescrita pelo médico não era suficiente, passou a encomendar a droga pela Internet.

Um dos muitos efeitos colaterais do Vicodin é o aumento do estado de delírio e agitação, o que fez com que William fosse ainda mais desrespeitoso com sua esposa. Ele gritava com ela durante horas, aviltando o seu caráter e a ofendendo com palavras. William vivia enfurecido com a esposa, embora dependesse dela e ficasse ressentido com isso. Perita em matérias financeiras, ela cuidava dos livros da empresa, além de cozinhar e limpar a casa, tarefas que William nunca se preocupou em fazer. E ela estava presente quando ele precisou de ajuda extra, por causa do problema no joelho. Ele sabia, mas não admitia, que sua esposa era a única pessoa do mundo com quem ele poderia contar.

Um dano no joelho, como o de William, seria devastador para qualquer um. Para ele, foi catastrófico. Ele tinha sido o melhor jogador de futebol do colégio e recebia tratamento de estrela. Seus pais não exigiram nenhuma outra responsabilidade, pois sabiam que ele não se sairia bem academicamente. Sua mãe, especialmente, deu-lhe a impressão de que William nunca faria nada de errado, sempre foi relutante em criticá-lo ou dar-lhe educação.

O pai biológico de William abandonou sua mãe, com três crianças pequenas, quando William tinha cinco anos. Sua partida nunca foi explicada e William aprendeu que esse tema era tabu. O seu pai também teve problemas de dependência química a maior parte da vida. Quando William o procurou, sua ajuda foi repreendê-lo e envergonhá-lo.

Sua mãe casou-se novamente quando William estava com onze anos. Ele descreve o padrasto como um sujeito amistoso, mas que trabalhava em um emprego que detestava, tanto que se queixou a William, mas não ousou correr o risco de procurar outra coisa. Ele também reclamou da relação com sua mãe, mas nunca explicou as razões de sua infelicidade.

Ser uma estrela dos esportes deu a William uma vida social excitante. Depois que saiu do colégio, os esportes continuavam dando-lhe estrutura e motivação. Mas, aos vinte e nove anos, William sofreu o acidente de moto. Ele teve dificuldades em todas as etapas do processo de reabilitação, não somente porque os exercícios eram tediosos e doloridos, mas porque a capacidade de mover a perna com o vigor e agilidade de antes não era mais possível, o que reforçou a realidade de que nunca mais seria o poderoso atleta novamente. Não aceitar a nova condição tornou a transição extremamente difícil.

William alternava períodos de autopiedade e negação. Quando tinha pena de si mesmo, gritava para conseguir atenção. A autopiedade é diferente da aflição real. Autopiedade é um meio recorrente de culpar os outros e a si mesmo pelos dramas pessoais. Você sente que não tem nenhuma escolha a não ser submeter-se a esse inferno, e não consegue descobrir um meio de sair dessa areia movediça.

Quando a pessoa se encontra presa nesse estado, recusa-se a assumir qualquer responsabilidade por seus problemas. Você não sabe como sair dessa situação e não está sentindo a sua verdadeira dor emocional. No caso de William, ele sentia tanto a dor pela retirada dos analgésicos quanto a dor física do joelho machucado.

William relata que, durante as primeiras sessões da terapia, ele mentira sobre o uso de drogas. Ele informou-me muito depois que passou a usar uma droga mais poderosa, OxyContin, que dá uma sensação de euforia semelhante à heroína de primeira qualidade. O uso de droga pesada alterou sua percepção; ele convenceu-se de que conduzia sua vida muito bem. Contudo, quando o efeito terminava, tornava-se uma pessoa desprezível para se ter por perto. Ele mentia a todos sobre o uso de drogas. William dizia que estava em recuperação, quando de fato as usava constantemente e ficava furioso quando alguém questionava as discrepâncias óbvias em suas histórias.

Abandonar drogas como OxyContin está longe de ser fácil. Os sintomas que William experimentava cada vez que tentava parar eram fadiga constante, suores quentes/frios, palpitações no coração, dor nas juntas e músculos, vômito, náusea, tosse incontrolável, diarréia, insônia e depressão. O processo de recuperação é lento e carregado de reincidências. Entretanto, William aceitou agora a necessidade do programa de doze passos dos Narcóticos Anônimos. Ele tem um coordenador e assiste a reuniões quase diariamente.

O negócio de William está crescendo e a relação com sua esposa atravessa uma transformação positiva. Ele constatou que o seu desejo de agradar às pessoas foi muito responsável por sua queda, portanto não olha mais para fora em busca de respostas. Tornou-se capaz de separar sua vida pessoal da profissional e sabe escolher com quem compartilhar detalhes de sua vida íntima. William quer entender e trabalhar seus medos, para encontrar os meios de aceitar suas limitações físicas, e está otimista de que todos os seus sonhos podem realizar-se.

Enquanto trabalhava com esses pacientes, eu me perguntava se a incorporação de exercícios junto com o autoquestionamento seria um método mais eficaz do que a terapia tradicional. Estava curioso em saber se esse método seria eficiente para os outros como havia sido para mim. Também achava que eu desenvolvia algo que poderia ser utilizado como um programa de auto-ajuda que funcionaria sem um terapeuta. Estava entusiasmado com estas possibilidades.

Capítulo Cinco

Os aspectos principais do poder de cicatrização do exercício:

Preparação para a cura integrada de corpo, mente e alma

OS PRINCIPAIS ASPECTOS DO PODER DE CURA DOS EXERCÍCIOS SÃO:

- Auto-estima reforçada;
- Forças física e mental aumentadas;
- Melhora na disposição;
- Estresse reduzido;
- Saúde física melhorada.

A maior parte das pessoas já sabe que fazer exercícios melhora a saúde. Os mais recentes estudos demonstram que a atividade física regular traz inúmeros benefícios. Pessoas com debilidades crônicas podem melhorar sua força física e mental. E quanto mais o poder de cura dos exercícios se concretiza, mais cresce a auto-estima.

Embora seja útil compreendermos os benefícios destes cinco aspectos, ao concentrar-se em apenas um deles pode prepará-lo para este programa e fornecer o acesso ao seu próprio poder de cura.

Um componente fundamental de nosso método está na fisiologia do cérebro. Durante o exercício, modificações fisiológicas ali ocorrem, que permitem lidar com a sua dor emocional ao mesmo tempo em que se exercita. Aqui examinaremos essas modificações e discutiremos a sua relação com os benefícios do exercício físico.

ENDORFINA, SEROTONINA E NOREPINEFRINA

Os neurotransmissores do cérebro, mensageiros químicos que distribuem sinais do cérebro a todas as partes do corpo, desempenham um papel fundamental na realização de todos os aspectos principais do poder de cura dos exercícios. Os três neurotransmissores afetados pelo exercício são endorfina, serotonina e norepinefrina.

A endorfina pode aliviar tanto a dor quanto trazer a sensação de euforia (conhecida como "barato dos corredores") que surge durante um exercício prolongado. Ela pode ainda baixar a pressão arterial e diminuir o apetite. O dr. Steven Keteyian, diretor de Cardiologia Preventiva no Henry Ford Heart & Vascular Institute, de Detroit, tem notado que, depois de apenas quinze minutos de exercício intenso, os níveis de endorfina são aumentados. Ele diz: "Afirmar que apenas o aumento na endorfina é responsável pela melhora da disposição é algo ainda controvertido. Mas sabemos que o exercício é uma excelente forma de tratar a depressão e melhorar o ânimo das pessoas." Segundo Edward Laskowski, médico especialista em reabilitação e co-diretor do Centro de Medicina Esportiva na Clínica Mayo, "Endorfinas são os analgésicos naturais do corpo. Elas têm o mesmo poder de alívio que medicações fortes, como morfina."

Uma nota recente da Sociedade de Neurociência dos Estados Unidos informa: "Novos estudos indicam que o exercício regular pode salvaguardar contra o Mal de Parkinson ou reverter algumas conseqüências devastadoras do dano cerebral traumático. Outros estudos mostram que, ao contrário de observações anteriores, exercitar-se sozinho parece ser tão benéfico quanto com outras pessoas, e que a endorfina liberada nos exercícios físicos pode ter uma participação importante para proteger o cérebro contra o envelhecimento."

A serotonina é o neurotransmissor que ajusta o ânimo, o sono e o apetite. Baixos níveis de serotonina têm sido apontados como a causa da depressão clínica. Novas drogas como Prozac, Paxil e Zoloft foram criadas para tratar desta doença, aumentando justamente os níveis de serotonina. Portanto, exercite-se. De fato, a psicobiologista Henriette Praag declara que "O exercício físico tem sido indicado para aumentar os níveis de serotonina no cérebro. Pode-se especular que o exercício é benéfico no tratamento da depressão pela ativação da serotonina ou pela produção de novas células cerebrais."

"É fácil de se especular que, quando você se exercita, ocorre uma mudança no sistema de serotonina no cérebro, que pode afetar e melhorar os sintomas da depressão", diz o dr. Madhukar Trivedi, psiquiatra do Centro Médico da Universidade de Texas, em Dallas.

Um estudo recente do Jornal Britânico de Medicina Esportiva apóia essa teoria. "A atividade física tem o mesmo efeito que antidepressivos," explica o dr. Fernando Dimeo, que conduziu a pesquisa. "O exercício aeróbico estimula a produção da serotonina, que nos faz sentir bem. E o exercício, ao contrário dos antidepressivos, não tem efeito colateral."

A Associação Psicológica Americana afirma que a norepinefrina é um neurotransmissor associado à resposta que nosso corpo dá ao estresse. O exercício físico treina nosso corpo a se familiarizar com o estresse e, além disso, segundo pesquisas, "Os estudos em animais, realizados desde os anos 1980, indicam que o exercício aumenta as concentrações cerebrais de norepinefrina em regiões cerebrais envolvidas na resposta do corpo ao estresse. Sabe-se que perto de 50% da produção de norepinefrina localiza-se numa região do cérebro chamada *locus coeruleus*, uma área que une a maior parte das regiões cerebrais ligadas aos estímulos emocionais. Pensa-se que o agente químico desempenha um papel importante na modulação da ação de outro neurotransmissor predominante, que age diretamente na resposta ao estresse."

O relatório também afirma que "Biologicamente, o exercício parece dar ao corpo uma possibilidade de praticar como deve lidar com o estresse. Ele força os sistemas fisiológicos do corpo a se comunicar mais estreitamente do que o habitual: o sistema cardiovascular comunica-se com o sistema renal, que se comunica com o sistema muscular. E todos eles são controlados pelo sistema nervoso central, que também deve comunicar-se com os demais. Este pode ser o verdadeiro benefício do exercício; quanto mais sedentários formos, nosso corpo terá respostas menos eficientes."

Tudo isso é realmente assombroso. São essas modificações que criam a oportunidade de revelar o poder de cura dos exercícios físicos.

AUTO-ESTIMA REFORÇADA

Um outro aspecto significante no poder de cura dos exercícios é o aumento na auto-estima. A auto-estima é o grau pelo qual você se avalia. Se você tiver pensamentos positivos quando pensa em si mesmo e enxerga seu futuro de modo otimista, você tem alta auto-estima. Alguns indicadores da baixa auto-estima são: uma avaliação negativa de seu corpo, pensamentos negativos sobre sua personalidade, convicção de que as suas aspirações não se tornarão realidade, desvio do contato ocular e receio em correr riscos.

Muitos estudos mostram que o exercício físico aumenta a auto-estima. Embora os indivíduos em tais estudos tenham sido muito diferentes entre si (meninas, meninos, pacientes de doenças crônicas, toxicodependentes, idosos, adultos sem deficiência), os resultados em todos os casos indicam que os exercícios aumentam a auto-estima. Uma seção da *Research Quarterly for Exercise and*

Sport, de 1995, afirma que o exercício tem um impacto positivo na auto-estima. De acordo com a *Personal Trainer Magazine* publicada pela IDEA (uma organização de profissionais de saúde e fitness), em 2000, uma revisão dos benefícios derivados do exercício físico na saúde mental concluiu que a auto-estima melhora com o exercício, e que as pessoas com baixa auto-estima obtiveram os melhores resultados. Bill Phillips, autor do livro *Body for Life: 12 Weeks to Mental and Physical Strength,* afirma que os participantes de seu programa de exercícios e nutrição têm ampliado a sua auto-estima e confiança.

O presidente do Conselho Americano de Esportes e Fitness acha que a atividade física e os esportes aumentam a auto-estima nas garotas, por deixá-las com uma atitude mais positiva em relação ao seu corpo. J. P. Read descobriu que pacientes alcoólatras em reabilitação tiveram reforço na auto-estima derivado dos exercícios físicos.

Em um estudo intitulado *Exercise Attitudes and Behaviors among Persons in Treatment for Alcohol Use Disorders,* os toxicodependentes relataram que o exercício físico elevou sua baixa auto-estima. *Fitness-Management.Com News* afirma que o exercício ajuda a melhorar a saúde e o condicionamento físico, além de impulsionar a auto-estima em idosos. Na edição de agosto de 2003 do *Journal of Aging in Health,* pesquisadores concluíram que as mulheres idosas melhoraram sua auto-estima através dos exercícios.

Amplas pesquisas também estabeleceram claramente os efeitos positivos do exercício sobre a auto-estima das pessoas com doenças crônicas. Um desses estudos, de Nakken et al., descobriu que os doentes com epilepsia sentiram-se melhor, no estado geral, e melhoraram o controle sobre sua condição com exercícios regulares. Outro relatório de Nakken concluiu que o exercício melhora a auto-estima e a integração social, independentemente dos seus efeitos sobre o controle da doença. Segar et al. estudou vinte e nove pacientes com câncer de mama e administrou uma bateria de avaliações sobre a qualidade de vida, após uma sessão de exercícios físicos. Os autores concluíram que o exercício melhora a auto-estima e o estado de espírito de pacientes com câncer, antes e depois da quimioterapia. Um artigo escrito pelo dr. Russell D. White e Carl Sherman, na edição de abril de 1999 de *The Physician and Sportsmedicine,* afirma que o exercício aumenta a auto-estima dos pacientes com diabetes.

Depoimento

Eu gostaria de compartilhar minha história para mostrar como descobri o valor da atividade física na melhoria da minha auto-estima. Estávamos em 1976, e a minha forma principal de exercício era acender Malboros e beber drinks com vodca. Tinha vinte e cinco anos e era obcecado em fazer direito meu trabalho. Trabalhava, ia às festas, comia sanduíches no almoço e dormia só quando não podia evitar. Lembro-me também de ter engordado além da conta, eu, que era apelidado de "magrelo", pesava agora quase 80 quilos. Claro que estava fora da forma, tanto física quanto mentalmente.

Eu tinha começado a fumar aos quinze anos e consumia agora quase três maços por dia. Eu fora esportista até a faculdade, mas nunca realmente uma estrela nos esportes. Quando cheguei aos vinte e tantos anos, fazia muito tempo que não me exercitava para valer, porque achava que praticar esportes era coisa de criança ou de atletas profissionais. Os adultos, como eu, eram criaturas sedentárias que se divertiam assistindo TV.

Eu sabia que não estava em boa forma, e quis descobrir até que ponto ia minha resistência e força física nesta altura da vida. Um dia, encontrei meu velho par de tênis e decidi dar uma volta no quarteirão. Comecei a correr, o que era apenas um passo além de rastejar, e logo me descobri resfolegando. O ar parecia não chegar a meus pulmões, e quando terminei a volta estava quase desmaiando.

Senti-me humilhado e chocado com meu desempenho medíocre e não contei essa experiência a ninguém, nem mesmo à minha esposa.

Experimentei muitas drogas ilegais, inclusive maconha, LSD, mescalina, ópio e heroína (aspirada, não injetada). Nenhuma dessas drogas mostrou-se ser tão difícil de abandonar como os cigarros. Os cigarros são tanto física quanto psicologicamente viciantes. Eu já havia feito centenas de tentativas de parar e só consegui terminar minha relação disfuncional com o tabaco quando comecei a me exercitar.

Isto aconteceu quando fui despedido de meu emprego porque tentei impedir alguns diretores de desviarem fundos. Foi o momento perfeito para começar um programa de exercícios físicos, porque estava preocupado com meu futuro e agora tinha tempo para me concentrar em outra coisa além do trabalho. Jogava basquete com um pessoal durante o horário de almoço e, depois, uma partida de tênis com minha esposa. Nunca me esforcei demais. Fui respeitando meus limites passo a passo.

Agora fazia duas horas de exercícios diários e, gradualmente, me sentia mais forte. Parei de fumar, meus pulmões começaram a ficar limpos e, pela primeira vez desde o colégio, podia sentir o sabor da comida. Não estava totalmente satisfeito com minha vida, mas minha auto-estima estava aumentando.

E ela melhorou em várias frentes. Como eu tinha cumprido meu compromisso de voltar a me sentir saudável, podia agora tentar imaginar a fase seguinte de minha vida. A tonificação dos meus músculos e a resistência aumentada levaram-me a acreditar que havia esperança, que poderia crescer em um nível pessoal e profissional.

Percebi que, enquanto jogava tênis ou basquete, ficava mais calmo e isso permitia que meus pensamentos se tornassem mais claros e meus sentimentos aflorassem. Com a auto-estima aumentada, fui capaz de enfrentar a dor emocional de ter sido despedido e encarar o medo do futuro. Decidi me inscrever na faculdade de estudos sociais. Há poucos meses, fui aceito na universidade.

FORÇA FÍSICA E MENTAL AUMENTADAS

Outro benefício que se pode experimentar é o aumento em sua força física e mental. Você fica entusiasmado quando descobre que pode correr mais longe e mais rápido do que na semana passada. Sente uma alegria imensa quando tem capacidade de levantar mais peso. Traz um alívio ver a pressão arterial e o peso diminuindo e se sente mais forte porque não está mais esgotado no fim do exercício físico. Enquanto isso, a sua potência mental também está aumentando: o raciocínio está mais acurado e a memória permanece afiada, em vez de declinar com a idade.

O dr. Joseph A. Buckwalter declarou, numa das edições de *The Physician and Sports Medicine*, que o exercício físico regular pode desacelerar ou até mesmo anular a diminuição da mobilidade das pessoas, condição que geralmente pode conduzir a doenças crônicas ou incapacidade na velhice. Perda muscular, rigidez nas articulações, deficiências nos ligamentos e a propensão natural a se machucar são algumas dessas condições que podem ser retardadas através de um programa regular de exercícios físicos. Na verdade, o exercício permite-lhe ficar fisicamente forte com o envelhecimento progressivo.

Um estudo recente, realizado por Mello et al., com pacientes que sofreram transplante de medula óssea, indica que o exercício físico ajuda a aumentar a massa muscular, até mesmo em pacientes com dor crônica na parte inferior das costas. Pode-se supor que o aumento da massa muscular leva a um aumento da força física.

Pesquisadores da Universidade de Chester, no Reino Unido, concluíram recentemente um estudo com um grupo de mulheres que participou de um programa de treinamento de resistência, chamado "Bodymax". O objetivo do estudo foi avaliar os efeitos desse treinamento, com alto índice de repetição, sobre o percentual de gordura corporal e força muscular. A pesquisa indica que essas mulheres aumentaram a sua força muscular.

Muitas outras pesquisas demonstram que se exercitar aumenta a capacidade mental. Uma dessas pesquisas foi feita com dois grupos: um deles fazia apenas exercícios para tonificar os músculos e outro, exercícios aeróbicos, onde tiveram um desempenho entre 15 e 20% melhor em testes cognitivos. A constatação é que esse tipo de exercício aeróbico (caminhar, nadar ou correr três ou quatro vezes por semana) vai gerar novas células cerebrais.

Fazer exercícios, efetivamente, mantém seu cérebro resistente e evita a perda de memória. A autora de *Fitness News*, Shelly Drozd, recapitulou dois estudos recentes que demonstram os efeitos benéficos dos exercícios aeróbicos para a saúde do cérebro e da memória, durante o envelhecimento. As pessoas fora de forma tendem a sofrer um encolhimento do tecido cerebral com mais intensidade do que aqueles que estão fisicamente aptos.

"As modificações biológicas incitadas pelo exercício melhoram a nossa capacidade de controlar novas informações e lembrar das antigas," diz o dr. John J. Ratey, professor de Psiquiatria Clínica da Universidade de Harvard. Ratey explica que os movimentos físicos compartilham vários dos mesmos neurônios usados para leitura, escrita e matemática; portanto, não é surpreendente que pessoas fisicamente ativas tenham um aumento em suas capacidades acadêmicas, cognitivas e de memória.

Os benefícios do exercício físico, naquilo que se refere ao acréscimo da capacidade mental, são constatados não apenas em adultos, mas também podem ser percebidos nas crianças. Em 2006, o Departamento de Educação da Califórnia, nos Estados Unidos, concluiu, de acordo com o Superintendente Estadual da Instrução Pública Jack O'Connell: "Estar fisicamente apto não só é saudável, mas alguns estudos têm demonstrado que essa aptidão pode conduzir os alunos a melhores resultados em seus estudos. Cabe a nós proporcionar às crianças amplas oportunidades para que possam alcançar esses resultados, além de mantê-las motivadas nesse caminho. As escolas têm a responsabilidade de proporcionar uma boa base de instrução em educação física, as famílias podem participar de muitas atividades físicas regulares, e as comunidades têm um importante papel, no sentido de oferecer meios de atender as necessidades das crianças e dos adultos." concluiu O 'Connell.

Depoimento

Eu estava com vinte e sete anos quando entrei na faculdade. Não me adaptei àquela vida e procurei as formas comuns de fuga: cocaína era muito popular e eu dei minhas cheiradas. Sentia-me à beira do abismo e sabia que precisava de terra firme.

Ao chegar ao campus, não me exercitava regulamente, porque meus estudos tomavam grande parte do meu tempo. Uma vez ou outra, jogava basquete com os colegas da classe, mas não chamaria isso de exercício. Ao mesmo tempo, a maioria das aulas era aborrecida para mim, porque eu achava que uma aula não substituía as experiências da vida real.

Embora eu estivesse em grande tumulto emocional a maior parte do tempo, encontrei o emprego perfeito. Tornei-me conselheiro de um grupo de adolescentes da cidade. Um dos meus colaboradores deu-me um velho par de tênis de corrida, e na manhã seguinte vesti um agasalho e fui correr na pista do campus. Minha meta seria correr 800 metros. Lembro-me de achar que aquela distância não era bem um belo exercício, portanto corri outros 800 metros. Com o suor descendo em bicas, aquilo teve um grande efeito.

Passei a correr dia sim, dia não, quase dois quilômetros de cada vez. Apesar de ser um treinamento leve, me senti mais forte tanto física como mentalmente. E isso me permitiu fazer perguntas sobre a minha vida que eu não tinha feito antes. Fui capaz de enfocar questões como: onde eu ia viver depois da graduação, que tipo de carreira eu ia seguir, que tipo de amigo ou marido eu pretendia ser.

MELHORA NA DISPOSIÇÃO

Fazer exercícios é uma forma comprovada de se diminuir os sintomas da ansiedade e depressão. Embora todos nós possamos vivenciar os efeitos desses estados emocionais, algumas pessoas sofrem-nos mais intensamente do que outras. A quantidade de norte-americanos que demonstram alguma forma de ansiedade tem crescido de forma vertiginosa. Em 1998, o *National Institute for Mental Health* constatou que 19,1 milhões de pessoas sofrem de algum tipo de transtorno de ansiedade: 2,4 milhões têm transtorno de pânico, 3,3 milhões transtornos obsessivo-compulsivos, 5,2 milhões com estresse pós-traumático e 4 milhões sofrem de transtornos generalizados de ansiedade.

Richard Cox, que dirigiu uma equipe de pesquisa da Universidade de Missouri Columbia, constatou que o exercício físico reduz a ansiedade de maneira bastante significativa. Sua equipe também descobriu que, quanto mais intensamente os participantes se exercitavam, mais acentuada se tornava a redução da ansiedade, ao longo do tempo. Um estudo recente da Universidade de Oklahoma comparou um grupo de pessoas sedentárias com um grupo que realizava uma hora de atividades aeróbicas. No grupo de pessoas ativas, registrou-se uma sensação de bem-estar mais acentuada e menor grau de ansiedade, quando se compararam os resultados com os das pessoas do grupo sedentário. De acordo com o *American Council on Exercise*, "Exercitar-se pode ajudá-lo a se sentir menos ansioso. Exercícios físicos vêm sendo prescritos em clínicas especializadas como um tratamento adicional para a tensão nervosa. Logo após uma sessão de exercícios, os médicos têm medido uma diminuição na atividade elétrica dos músculos com tensão nervosa, e as pessoas sentem-se menos nervosas e agitadas." Alguns pesquisadores na Turquia avaliaram 311 estudantes universitários, que nunca haviam participado de qualquer atividade física durante suas vidas. Eles descobriram que, após fazerem exercícios, tanto os homens quanto as mulheres apresentaram um decréscimo notável em seus níveis de ansiedade.

A depressão é uma doença que ataca muitos americanos. De acordo com o *National Institute of Mental Health*, aproximadamente 19 milhões de adultos sofrem de depressão, nos Estados Unidos. Além disso, 2,5 % das crianças e cerca de 8,3 % dos adolescentes foram também diagnosticados com a mesma doença. O instituto constatou ainda que a depressão aumenta a possibilidade de ataques cardíacos no futuro.

Uma série de estudos revela que o exercício físico representa uma ferramenta eficaz na redução dos sintomas da depressão. Um artigo publicado na edição de abril de 2003 da *Complementary Health Practice Review* mostra que tanto os exercícios aeróbicos, como os não-aeróbicos, são bastante úteis no tratamento da depressão em adultos. Outra análise recente, intitulada *"Exercise and the Treatment of Clinical Depression in Adults: Recent Findings and Future Directions"*, que investiga a depressão e os exercícios físicos, avalia que, embora muitos destes estudos tenham limitações metodológicas, oferecem ainda assim um grande volume de material de apoio para demonstrar que o exercício reduz os sintomas depressivos em populações saudáveis ou em tratamento clínico. O psiquiatra John Greist, e seus colegas da Universidade do Wisconsin, descobriram que fazer exercícios físicos de forma regular pode reduzir os efeitos de uma depressão moderada de modo mais eficaz do que a psicoterapia. Um estudo feito na Finlândia em 2000, avaliando 3403 adultos, revelou que as pessoas que se exercitavam entre duas a três vezes por semana apresentaram um quadro praticamente nulo de sintomas depressivos, quando comparadas com aquelas que levavam uma vida sedentária.

O exercício físico é tão eficaz para a depressão como os medicamentos? Dois estudos da Universidade de Duke atestaram que trinta minutos de exercício, três vezes por semana, são tão eficazes a curto prazo como a terapia com drogas, no trato daqueles que sofrem de depressão. A longo prazo, o exercício contínuo reduz a possibilidade de reincidências.

Depoimento

No verão de 1979, depois que me graduei na faculdade, o estado do Kansas sofria uma onda de calor alarmante. Eu tinha sonhado viver em São Francisco desde que passara as férias lá, dez anos antes, quando ficara encantado pela paisagem e a convivência de estilos de vida diferentes. Portanto, minha esposa e eu pegamos o carro e fomos para lá. Estávamos desempregados, levamos pouquíssimo dinheiro, mas podíamos ficar na casa de amigos por um tempo.

Nem acreditava na minha sorte. Depois de viver nas planícies desoladas do Kansas, aquela cidade parecia um sonho e me entusiasmava pelas novas perspectivas. Minha esposa e eu passávamos horas visitando as maravilhas da cidade: a Ponte Golden Gate e seu nevoeiro; a riqueza das culturas em Mission e Chinatown e o cheiro da água salgada do oceano. Ao mesmo tempo, saía em busca de trabalho, coisa que não era abundante naquele período. Todo dia, comprava o jornal e me candidatava aos anúncios de emprego ligados à minha profissão, assistente social. Mas as cartas de rejeição acumularam-se; comecei a ficar incomodado e me sentir desesperado.

Eu, finalmente, vivia no lugar que sempre quis, mas depois do nosso segundo mês na cidade, comecei a temer que não fôssemos capazes de ficar porque não conseguia emprego. Comecei a me candidatar a qualquer trabalho: vendedor, gerente de loja, emprego temporário, mas não consegui nenhum deles.

Eu tinha de encontrar um modo de lidar com meu confuso mundo emocional. Ficava alegre ao ser chamado para uma entrevista de emprego, apenas para entrar em depressão logo a seguir, com a carta de rejeição. Ficava aterrorizado só em pensar em sair da Califórnia e voltar para o Kansas, onde havia mais oportunidades de emprego. Esta perspectiva era a mesma de se pegar uma via expressa para o inferno.

Minha esposa encontrou um emprego de professora logo que chegamos. Isso ajudou a aliviar um pouco a pressão, mas não totalmente. Quando as pessoas me perguntavam o que eu fazia e eu respondia que estava desempregado, sentia o medo e a vergonha transbordando em meu coração. Lembro-me de ficar horas fitando o nada, olhando pela janela, sentindo-me impotente por não ter trabalho.

Percebi que estava ansioso e deprimido. As minhas constantes sensações de medo e preocupação eram sintomáticas. Minha depressão se alimentava da falta de esperança e eu tinha dificuldade em dormir, o que também atribuí à depressão.

Mas ainda tinha meus tênis de corrida e decidi usá-los, não porque eu tivesse alguma idéia de que exercícios físicos podem ajudar a combater a depressão, mas porque cansei de ficar em casa sem fazer nada. Lembro-me da primeira corrida. Estava frio, com bastante neblina e eu podia sentir o aroma das diversas comidas sendo preparadas, assim como das diferentes línguas que eram faladas no condomínio de apartamentos onde morávamos. Eu era muito feliz vivendo lá, então resolvi implorar a quem quer que fosse o chefe, a Deus, a Deusa, ao prefeito da cidade, que desse um jeito para que eu pudesse ficar.

Comecei a correr três vezes por semana e essa atividade foi impactante para meu estado de espírito, porque minhas preocupações e pensamentos negativos se dissipavam depois que a corrida terminava.

Neste período, eu tinha pesadelos de que estávamos voltando para o Kansas ou outro local qualquer, desolado como esse. Estava tão convencido de que seria banido de São Francisco que me pegava chorando durante a noite. As corridas ajudaram a colocar meus pensamentos em ordem. Afinal de contas, eu estava morando lá somente há poucos meses e, em algum momento, eu conseguiria trabalho, mas devia procurar as pessoas certas para me ajudarem nesse mercado tão competitivo. Isso me tranqüilizou e, numa das corridas, imaginei que recebia a notícia de que estava empregado e qual seria a minha primeira reação: ir numa loja de discos e comprar alguns álbuns. Eu costumava fazer isso, nos bons tempos, comprar alguns álbuns por mês... Acho que agora sofria de uma crise de abstinência, por não poder comprar discos de forma tão regular...

Um dia, recebi um telefonema de emprego e aceitei imediatamente. Minha comemoração foi ir até uma loja de discos e comprar o álbum que eu tanto queria.

ESTRESSE REDUZIDO

O estresse pode ser percebido tanto física quanto emocionalmente. Ele não se manifesta apenas como apreensões ou preocupações, mas também como dores no estômago, no pescoço ou na cabeça, espasmos e outros desconfortos físicos. Quando você se sente pressionado, o estresse surge inicialmente no cérebro, que dispara a adrenalina, cortisol e outros hormônios. O disparo desses hormônios serve como precursor de episódios desconfortáveis ou emotivamente dolorosos. Segundo uma pesquisa, metade dos pacientes que buscam tratamento médico para dores no corpo estão sofrendo de algum tipo da aflição psicológica.

O dr. Shawn Talbott escreveu que "Além do exercício fazer você 'sentir-se' melhor, pode modificar o modo como o seu corpo responde ao cortisol. Por exemplo, uma carga de exercícios súbita elevará os seus níveis de cortisol, mas a aderência a um programa de exercícios regular 'ensinará' seu corpo a produzir menos cortisol." Muitos esportistas e técnicos acreditam que os efeitos dos neurotransmissores se contrapõem ao efeito do cortisol durante o exercício físico. Contudo, não há nenhuma evidência concreta para confirmar essa afirmação.

O estresse emocional é um grande problema em diversos países do mundo. O *American Institute of Stress* estima que, nos Estados Unidos, um milhão de pessoas falta diariamente ao trabalho por causa do estresse. Em outra pesquisa sobre o assunto, o *National Institute for Occupational Safety and Health,* no mesmo país, atestou que o estresse no trabalho é um problema grave, ao constatar que 40% dos funcionários das empresas declararam que seu trabalho é estressante demais. Em uma pesquisa da *Prevention Magazine*, realizada em 1996, apurou-se que cerca de 75% dos pesquisados declarou sofrer de crises semanais de estresse. Ainda na mesma linha de pesquisas e estudos, um recente relatório publicado no *American Heart Association Journal* indica que o estresse emocional provoca ataques cardíacos e pode aumentar o risco de morte por doenças no coração. Por outro lado, o *Copenhagen City Heart Study* conclui que os indivíduos que relataram sofrer de elevados níveis de estresse estão mais propensos a ter AVC do que aqueles que não apresentam os mesmos sintomas.

Praticar exercícios reduz tanto o estresse emocional quanto o estresse físico. Um estudo concluído em 2002 pelo dr. Rod K. Dishman, professor de Fisiologia do Exercício na Universidade da Georgia, revelou que as mulheres fisicamente mais aptas podem apresentar melhores condições para combater o estresse e, portanto, estarem mais bem protegidas contra a pressão arterial elevada, quando em idade avançada. A edição de 1999 do *Annals of Behavior Medicine Report* constatou que a prática regular de exercícios protege contra os rigores do estresse diário. Vários participantes da pesquisa, que se exercitavam de forma contínua, relataram apresentar bem menos sintomas físicos durante os períodos de grande tensão. A prática do exercício ajuda as pessoas a se afastarem dos problemas do quotidiano, o que alivia essa tensão e ajuda a revitalizar melhor a mente dos praticantes.

A pressão arterial elevada é muitas vezes causada pela falta de exercício e por uma elevada taxa de estresse diário. Na edição de outubro de 2001 da *Medicine and Science in Sports and Exercise*, os pesquisadores relataram que a prática dos exercícios físicos, especialmente quando combinada com a perda de peso, reduz a pressão arterial elevada naquelas pessoas que estão vivendo situações de estresse, seja a níveis altos, baixos ou insignificantes.

Depoimento

No início de 1984, eu tentava organizar um sindicato com meus colegas de trabalho, ao mesmo tempo em que me dedicava ao trabalho. Mas meu esforço era desconsiderado pelos administradores e eu vivia frustrado, zangado e estressado praticamente o dia todo.

Meu estresse se manifestou como um endurecimento dos músculos do pescoço. Só conseguia virar a cabeça depois de tomar relaxantes musculares, mas passei a sofrer de um dos efeitos colaterais da droga, agitação extrema. Naquele ano, o inverno na cidade foi muito frio e úmido, e o estresse se mostrou também através de uma série de infecções respiratórias. Nem bem um resfriado ia embora, e já chegava uma gripe. Fiquei alarmado em não poder deter essa gripe crônica, uma atitude que só exacerbou o estresse emocional que eu já sentia.

Quando as gripes e a tensão no pescoço diminuíram, aumentei a intensidade de minhas corridas para cinco dias por semana. Esta rotina realmente ajudou a aliviar o meu estresse. E também me ajudou a concentrar-me no meu futuro. Percebi que não podia mais ficar em meu emprego, porque não compartilhava das posturas da chefia e nem das injustiças que eu via ao redor. Eu teria que sair de lá.

Comecei a estudar para a minha segunda tentativa de passar no exame para o trabalho social clínico do Estado. Passei e obtive a minha licença, e foi quando comecei a avaliar a opção de abrir minha própria clínica. Enquanto estudava para esses exames, comecei o treinamento para minha primeira maratona. Terminei a Maratona de São Francisco naquele ano em três horas e trinta e sete minutos. Tempos depois, recebi uma nova licença de trabalho, garantindo que eu poderia trabalhar por conta própria. Faz quase vinte anos que sou psicoterapeuta em minha clínica.

PONHA EM PRÁTICA AS SUAS DESCOBERTAS

O fluxo dos neurotransmissores lançados enquanto se faz uma atividade física ajuda na conexão com um ou vários dos benefícios principais do poder de cura do exercício físico. Enquanto você está se exercitando, a sensação de autoconfiança leva à segurança interior. É o momento ideal para usar técnicas psicoterápicas de auto-ajuda para curar a sua aflição emocional.

A autoconfiança obtida lhe dá o ímpeto de explorar as causas de suas feridas internas. A auto-estima aumentada fornece a coragem necessária para começar a rever pensamentos e memórias dolorosas. O aumento de força física e mental permite enfrentar a sofrida viagem de autodescoberta e lhe dá a certeza de que não apenas finalizará o processo, mas o tornará uma pessoa melhor. O ânimo renovado permite ver que as memórias dolorosas serão transformadas em paz de espírito. Com o estresse reduzido, vem o desejo de aumentar a felicidade superando a dor emocional. A sua busca em cultivar a saúde física abre os caminhos para a resolução de seus machucados internos.

Você já está pronto para começar a cura integrada de corpo, mente e alma.

Capítulo Seis

A cura integrada de corpo, mente e alma

Você está pronto para iniciar a cura integrada de corpo, mente e alma. Antes de começar o seu primeiro exercício físico, reveja a lista de perguntas possíveis de se fazer enquanto se exercita. As perguntas vêm do questionário do capítulo 3 e das questões levantadas no capítulo 4. Sinta-se livre para criar as suas próprias perguntas, se assim o desejar.

PERGUNTAS SOBRE SINTOMAS FÍSICOS, QUE NÃO FORAM IDENTIFICADOS PELO SEU MÉDICO COMO SENDO PROBLEMAS FÍSICOS:

- Por que sinto dores de cabeça?
- Por que tenho dores musculares?
- Por que tenho batimentos cardíacos acelerados?
- Por que tenho dores de estômago?
- Por que venho rangendo os dentes à noite?
- Por que tenho problemas de insônia?
- Por que sinto falta de energia, desânimo?

PERGUNTAS SOBRE SEU ATUAL ESTADO EMOCIONAL:

- Por que fico agitado com facilidade?
- Por que sinto dificuldades em realizar certas atividades que antes me davam prazer?
- Por que não sinto prazer em ficar com outras pessoas?
- Por que tenho chorado demais ultimamente?
- Por que tenho me sentido emocionalmente entorpecido?
- Por que me sinto distante das outras pessoas?
- Por que tenho dificuldades de pensar com clareza e de me concentrar?
- Por que vivo preocupado a maior parte do tempo?
- Por que tenho medo de me defender, quando necessário?
- Por que não me dou valor, quando sei que mereço?
- Por que costumo me magoar facilmente e não consigo achar alívio sozinho?
- Por que tenho dificuldade em acreditar nas pessoas?
- Por que tenho dificuldade em perdoar os outros e a mim mesmo?
- Por que tenho baixa auto-estima?
- Por que tenho dificuldades em criar e manter amizades e relacionamentos?

PERGUNTAS SOBRE SUA HISTÓRIA NA INFÂNCIA:

- Como fui afetado por ter sido negligenciado por meus pais ou por pessoas próximas?
- Como fui afetado por ter sofrido abusos emocionais por parte de meus pais ou de outras pessoas?
- Como fui afetado por ter sofrido abusos sexuais na infância?
- Como fui afetado por meus pais não terem brincado comigo?
- Como as expectativas irrealistas de meus pais me afetaram?
- Como a minha vida escolar ou métodos educacionais dos meus pais me afetaram?
- Como eu lido com o fracasso?
- Como os elogios de meus pais me afetaram?

- Qual foi o evento mais positivo de minha infância?
- Qual foi o evento mais traumático de minha infância?

PERGUNTAS SOBRE SENTIR-SE PRESO AO LUTO:

- Como sinto o luto?
- Por que é tão difícil de superar?
- Ouvir música durante os exercícios ajuda a desemperrar esse sentimento?
- Que tipo de memórias a música estimula?
- Estou com raiva de alguma coisa? O que é?
- Eu sinto que fui abandonado em algum momento de minha vida e como é sentir-se abandonado?
- Se eu pudesse conversar com a pessoa que me abandonou, o que eu diria a ela e o que eu gostaria que ela me dissesse?
- Eu consigo prantear essa perda? Como é chorar desse jeito?
- Estou furioso com o que aconteceu?
- O que precisa acontecer para que eu me sinta melhor com relação a essa perda?

PERGUNTAS SOBRE A MORTE DE UM ENTE QUERIDO:

- Como era a pessoa que morreu?
- O que mais sinto falta em relação a ela?
- Será que eu acho que ninguém percebe a minha dor?
- Sinto dificuldades em expressar meus sentimentos sobre essa perda?
- Eu me preocupo com minha morte?
- O que eu aprendi com essa perda?
- Estou sentindo dificuldades em me relacionar com outros por causa dessa perda?

PERGUNTAS SOBRE O ADOLESCENTE DENTRO DE VOCÊ:

- Essa minha raiva impede que eu alcance meus objetivos?
- Fico angustiado quando me sinto desapontado?

- Sobre o quê é essa angústia?
- Quais foram os eventos mais importantes durante minha adolescência?
- Eu sinto minha vida preenchida por situações dramáticas?
- Sobre o quê são esses acontecimentos?
- Eu sinto ter um adolescente dentro de mim?
- Como ele é?
- Que tipo de expressões faciais ou gestos ele faz?
- Como esse adolescente se expressa quando se sente magoado?
- O que esse adolescente interno precisa para amenizar seu sofrimento?
- Quem estava perto de mim, do ponto de vista emocional, quando era um adolescente?

PERGUNTAS SOBRE A RAIVA QUE MACHUCA QUEM AMAMOS:

- Alguma vez eu agredi ou machuquei alguém verbalmente? Como eu me senti e me sinto sobre isso?
- Como minhas palavras afetaram quem eu amo?
- Por que eu fui tão inadequado?
- Quando esse ciclo de agressões começa?
- Eu agrido a mim mesmo da mesma maneira que agrido quem eu amo? Há como mudar este comportamento abusivo?
- O que vem primeiro: a raiva ou a mágoa?
- Eu me sinto no direito de magoar a pessoa que amo?
- Alguma vez eu agredi alguém fisicamente?
- Tenho problemas em controlar minha raiva?

PERGUNTAS SOBRE A DOR ANCESTRAL:

- Como me sinto e de que forma me afetou o que meus ancestrais viveram?
- Eu apresento alguns sentimentos ou comportamentos derivados do sofrimento de meus ancestrais?
- Como me sinto sendo (aplique aqui sua etnia)?

- Consigo me olhar internamente e me conectar com algum de meus antepassados? Como ele é? O que dizer ou perguntar a ele?
- Posso descrever sua angústia ?
- O que meus antepassados podem me dizer sobre genocídio?

PERGUNTAS SOBRE O EXAME DE SUA DOR EMOCIONAL:

- Por que realizo rituais obsessivos?
- Estou negando o efeito que as grandes crises na vida tiveram sobre mim?
- Estou num estado de negação?
- Tendo a minimizar o efeito que as grandes crises tiveram sobre mim?
- Por que faço isso?
- Se alguém em minha família era dependente químico, como isso me afetou?
- Se eu abusei de substâncias químicas, como isso me afetou?
- Como o fato de meus pais nunca falarem sobre seus sentimentos me afetou?
- Como me afetou o desejo de aprovação dos outros?
- Por que e quando tenho crises de pânico?
- O que aciona minhas crises de pânico e do que eu tenho medo?
- Por acaso, coloquei meus pais num pedestal, onde não podiam fazer mal a ninguém?
- O que aconteceu para que eles tivessem descido desse pedestal?
- Por que sou co-dependente e como isso me afeta?
- Por que afasto as pessoas com as quais me preocupo?
- O que procuro quando a pressão se torna esmagadora?
- Por que procuro rechaçar a minha raiva?
- O que acontece quando faço isso?
- Por que me distanciei de (membro de família)?
- Por que temo ficar sozinho?
- Por que tenho problemas com compromissos?

- Por que tenho pesadelos?
- Por que tendo a fugir da dor emocional trabalhando muito?
- Como me senti quando não pude aliviar a dor de meus pais?
- Como me senti quando meu irmão ou irmã me magoou?
- Por que certas memórias me fazem ficar triste?
- Por que sinto que não posso contar com ninguém para me ajudar?
- Quais foram as regras não escritas na minha família, e como me afetaram?
- A minha raiva me causou problemas alguma vez?
- A minha intensa responsabilidade por alguém já me causou problemas?
- Fiquei mais determinado a ajudar alguém depois que os meus esforços foram rejeitados? Nesse caso, por que me sinto assim?
- Existe algo sobre o qual me sinto culpado? Qual é a origem da culpa e por que a carreguei por tanto tempo?
- Tenho dificuldade em conviver com alguma deficiência física que carrego?
- Como a doença mental ou a violência de um de meus pais me afetou?
- A minha dor emocional afeta minhas obrigações familiares? Como?
- O que me dá um sentido de controle? Isto é saudável?
- Permito que as pessoas tirem proveito de mim? Por quê?
- Tenho dificuldade em ajudar os outros?
- Permaneci em uma relação mais tempo do que deveria?
- Notei semelhanças negativas entre o meu parceiro e os meus pais? Por que isso acontece?
- Fico emotivo quando ouço uma certa canção? Por que isso acontece?
- Tenho problemas quanto a limites pessoais? Quais são eles?
- Tive que lidar com situações intimidantes quando era criança? Como isso me afetou?

- Sinto-me livre? Se não, o que é preciso fazer para que isso aconteça?

E SE EU TIVER DIFICULDADE PARA IDENTIFICAR MEUS PROBLEMAS?

É bastante comum isso acontecer. Uma das razões desta dificuldade é que as pessoas que vivem em famílias disfuncionais consideram o comportamento que vêem diariamente como uma coisa normal. Por exemplo, uma criança que, toda noite, levanta com sua mãe embriagada do chão e a leva até a cama, pode pensar que situações como esta são comuns na maior parte das famílias, especialmente se for proibida de falar sobre isso com alguém.

Uma outra possibilidade é que você tenha aprendido a distanciar-se da sua dor emocional. Voltando ao exemplo citado acima. Como mecanismo de sobrevivência, a menina repele o medo e a repugnância que acompanham a carga de ter uma mãe alcoólatra. Ela utiliza uma defesa conhecida como compartimentação, através da qual armazena essas memórias angustiantes nos recessos inconscientes do cérebro.

Ou, talvez, você venha de uma família na qual não era permitido expressar as emoções. Seus pais não esperavam de você nenhuma demonstração de raiva, dor ou tristeza, e poderiam puni-lo se você fizesse o oposto. É possível que até hoje, você ainda carregue este tipo de exigência.

E se você sente que algo está lhe incomodando, mas não sabe exatamente o que é? Escreva todos os eventos importantes de sua vida, os positivos e os negativos. De início, faça uma lista, depois detalhe cada item. Há uma boa possibilidade de que este processo o ajude a descobrir o que o perturba.

Fazer isso foi muito útil para mim, quando tentava descobrir a origem da minha dor emocional. Por exemplo, na minha tentativa de lidar com a dor adolescente residual, escrevi no meu diário:

Era a cerimônia de formatura no ginásio abafado da escola. Não senti os efeitos da umidade porque estava "alto". Os meus amigos e eu comemos alguns bolinhos de chocolate com maconha e os nossos cérebros pareciam um mingau. Quase não consegui subir ao palco e receber o meu diploma. Os meus avós e minha mãe estavam assustados com minha condição física. Depois, senti muita vergonha do que fiz e achava que o futuro iria me punir por isso.

Criei uma série de perguntas baseadas nesse registro, para fazer enquanto me exercitava: "Como foi meu último ano no colégio?", "Por que decidi ficar 'alto' justo naquele dia?", "Esta atitude era apenas para envergonhar minha família?", "Como estava minha auto-estima no colégio?", "Por que eu achava que não teria nenhum futuro?"

Durante um dos exercícios, examinei a pergunta "Como andava minha auto-estima no colégio?" e registrei o seguinte resultado:

Estou ouvindo uma música triste, sobre um adolescente gay que acabou se matando porque se sentiu odiado. É um rock com uma guitarra barulhenta e letra sensível. Sinto a angústia interior assim que saio para a rua e começo a correr lentamente, com as articulações rangendo a cada passo. Penso na sessão de terapia que tive ontem, com um jovem disfuncional. Conectei-me com o seu sentimento de alienação dos colegas. Minhas memórias dolorosas emergem quando começo a correr. Lembro-me de ter sido menosprezado pelas crianças mais populares da escola. Não era inteligente ou atlético o suficiente, não seria tão bem-sucedido quanto eles. Passei trinta anos tentando provar que estavam enganados. De repente, percebi que as minhas tentativas não são apenas para ganhar sua aprovação. Também estou tentando desfazer o passado e recriar a minha história, apagando as humilhações recebidas de colegas,

professores, patrões e treinadores. Que essa dor evapore na estratosfera, porque estas memórias se recusam a partir.
Minha pulsação bombeia no mesmo ritmo da música. Essas lembranças doloridas têm sido o inimigo que devo derrotar em batalha. A dor da rejeição soterrou o rosto daqueles que me desprezaram.
Sinto uma dor profunda no estômago, enquanto vejo minhas pernas correrem mais rápido. Tudo que eu quis quando criança e adolescente era ser aceito e amado pela minha comunidade. Senti-me condenado ao ostracismo pela cidade inteira. Fantasio um desfile em minha homenagem num dia ensolarado na minha cidade natal. Todo o mundo está na rua gritando meu nome. Logo percebo que isso nunca vai acontecer, corro os últimos metros e desabo a chorar.

Como o registro indica, contatei uma das principais razões pela qual minha auto-estima se abalou na adolescência. Essa percepção ajudou a entender porque representei, durante a época de escola, um papel que não era o meu. Enquanto corria, sofri de novo toda a tristeza do isolamento que sentia enquanto adolescente. Realmente, eu nunca havia sentido isso antes com tanta intensidade e profundidade.

O método de exercícios e autoquestionamento levou a novas explorações de meus anos de adolescência, e continuei examinando esse doloroso período. Por este processo, fui capaz de deixar as coisas ruins dessas memórias e seguir adiante.

COMEÇANDO SEUS EXERCÍCIOS FÍSICOS

Este programa é projetado para alguém que pratica corrida, caminhada, anda de bicicleta, faz aeróbica, patina ou faz esportes individuais semelhantes. Fisicamente, não vai se diferenciar do que você normalmente faz. O seu aquecimento e alongamento devem ser mantidos.

Durante o seu primeiro exercício físico, comece com a pergunta que mais lhe repercute. Por exemplo, se "Como era a pessoa que morreu?" faz mais sentido no momento do que "Por que tenho crises de pânico?", concentre-se na primeira.

É melhor não refletir sobre essa pergunta antes de começar a se exercitar. É importante também avaliar a sua disposição e como seu corpo se sente ao começar, porque você fará um mergulho interno profundo. Escreva esta avaliação no seu diário (ver o apêndice), junto com a sua pergunta sobre a dor emocional.

Ainda antes de começar, procure um "lugar seguro" dentro de você, para onde possa ir se os sentimentos se tornarem ameaçadores demais. Visualize uma praia ao entardecer ou qualquer outro lugar que associe à tranqüilidade.

Fazer os registros imediatamente após o exercício é uma parte fundamental deste método, porque você poderá capturar a sensação de bem-estar que a atividade lhe trouxe. Descrevendo as sensações, emoções e memórias obtidas, poderá relembrar as lições que aprendeu sobre dores emocionais. Vai contribuir também para que você injete, no âmago do seu mundo interior, novas idéias e crenças, de forma a aprofundar sua compreensão.

É possível que as lembranças tragam sensações opressivas e difíceis de suportar, e só com ajuda especializada será capaz de lidar com elas. Então, é recomendável que deixe o telefone de seu terapeuta à mão.

EXECUÇÃO

Faça a pergunta logo que o exercício começar. Você vai olhar para dentro de si, com o objetivo de ficar mais consciente de seus pensamentos, sensações, modificações de humor e o ambiente externo. Preste atenção em como está se sentindo no momento em que o exercício começa. Você está concentrado na pergunta? O coração está batendo mais rápido? Como está a respiração? O que está acontecendo em volta? O seu passo está mais rápido? Que outros pensamentos e sensações você percebe?

Sandy G., uma mulher de cinqüenta anos que perdeu a mãe há oito anos e o pai no ano passado, nos dá um ótimo exemplo desse olhar interno. Ela escolheu refletir sobre o luto, reviu as perguntas possíveis e decidiu perguntar como se sentia em relação à morte da mãe. Veja o que relatou em seu diário:

> *Por que é importante que minha mãe tenha orgulho de mim? Ao fazer algo que ela aprova, por que isso me faz sentir uma pessoa melhor? O quanto minhas crianças ficarão perturbadas quando eu morrer? Como lidar com o fato de que nunca verei meus pais novamente? Por que amamos os nossos pais, mesmo estando descontentes com eles?*

Alice W., de vinte e nove anos que perdeu o pai há quase dois anos, olhou para dentro e escreveu:

> *A música que estou ouvindo e o sol que brilha aquecem minha alma e me deixam muito feliz. Só que, às vezes, sinto culpa ou surpresa por estar tão bem. Eu me pergunto como posso estar feliz se não tenho mais meu pai, e sinto tantas saudades dele. Eu lembro da primeira vez em que me senti bem, logo após seu falecimento. Estava com amigos brincando, comendo, relaxando e me dei conta de que, apesar de achar que nunca mais seria feliz de novo, eu tinha conseguido. Chorei de alívio, por saber que a vida pode continuar.*

Como se pode ver pelos exemplos acima, a primeira pergunta acaba acionando questionamentos adicionais. O importante, nesse momento, será permitir que as perguntas surjam e não ter medo de respondê-las. Quanto mais liberdade elas tiverem para surgir, mais rapidamente você demolirá as paredes que o impediram de enfrentar suas dores emocionais. É uma experiência muito libertadora.

Este método fará surgir novas revelações, rapidamente e com freqüência. Essa nova percepção o conduzirá a uma compreensão mais profunda da sua dor e, possivelmente, levará à sua resolução. Essas revelações podem despontar a qualquer momento e o importante é estar aberto e receptivo a elas.

Quando isso acontecer, continue pensando nessa revelação e deixe avançarem os pensamentos e sensações a ela conectados. Observe seus sentimentos enquanto esta atividade estiver acontecendo. Lembre-se de anotar tudo logo que terminar seu exercício.

Rhonda, uma negra de 26 anos, escolheu as Dores Ancestrais como tópico e anotou suas revelações no diário:

Os meus antepassados me dão força. Como maratonista, eu me vejo freqüentemente como sendo a única negra do grupo. Na maior parte das minhas salas no colégio ou na faculdade de direito, esse fenômeno continuou se repetindo.
Penso que minha resistência se apóia em meus antepassados. Não só aprendi sobre eles, mas acredito na memória ancestral e, portanto, acredito que os conheço. Conhecendo-os, percebo que a sua integridade pode se transferir para mim, e isso é algo poderoso de sentir.
Manter minha mente em paz serve como um respiro contra a hostilidade que encontro em tantos lugares. Às vezes pergunto a eles, "Como vocês fizeram para sobreviver"?

Laurie G. escreveu o seguinte:

Meu pai morreu há quatro anos e passei um tempo difícil sofrendo com sua morte. Sinto-me culpada pela nossa tumultuada relação, e este foi o tema de minha adolescência. O meu pai lutou contra o fato de que eu nunca seria parecida com ele e temia minha singularidade. A culpa que carreguei era como um veneno que corrói a autoconfiança e a jovialidade. Eu vivia entre minha mãe e meu pai, basicamente porque eles foram incapazes de se comunicar um com o outro. Fui a única fonte de sua felicidade; empacada bem no centro. Eles eram complacentes enquanto eu não causasse nenhuma perturbação ou corresse risco. Aprendi a ficar sempre dentro dos limites e a não exigir muita coisa porque fui ensinada de que não merecia nada.

Essa dinâmica afetou-me profundamente. Tenho a capacidade de ver os dois lados de uma questão, mas não consigo tomar uma posição, dar uma opinião que seja válida. A mensagem que recebi de meus pais é que eles não se importavam com meus sentimentos. Tinha medo que meu pai se enfurecesse e achava melhor ficar quieta do que enfrentá-lo.

Este método permite liberar a sua dor emocional, você vai sentir isso acontecendo. Preste atenção no suor que escorre pelos poros. Imagine a dor emocional deixando seu corpo com o suor, como se pudesse sentir, ver e cheirar a angústia saindo e indo embora.

Durante um de meus exercícios, relembrei o período em que fumei, dos quinze aos vinte e cinco anos. O hábito de fumar era difícil de abandonar e, no fim de meu exercício, escrevi:

O suor está fluindo para fora de todos os meus poros. Sinto todo o alcatrão e a nicotina que forcei nos meus pulmões saindo junto. Ouço o meu corpo agradecer o corredor em mim, por expelir essa substância assassina. Não quero morrer. Quero viver.

Outra técnica para liberar a dor emocional é lidar com a raiva assim que surgir no decorrer do exercício físico. Muitos de nós não sabem como fazer; tentamos reprimi-la, forçá-la ao silêncio. Talvez o que Laurie fez sirva de exemplo:

Enquanto corria e ouvia música como uma adolescente, podia ir para longe da raiva do meu pai. Talvez esta dor emocional tenha suprido a verdadeira Laurie e sufocado a espontaneidade que a vida oferece. Hoje, a música permite que eu corra mais rápido, quem sabe tentando atravessar a barreira da raiva em vez de fugir dela. Um dia, talvez eu possa ultrapassar a barreira da vergonha.

Outro exemplo é oferecido por Lucia J., que nos foi apresentada no capítulo 4 e teve uma relação muito difícil com sua irmã. Hoje, Lucia está casada e sem filhos, e registrou a raiva que sentiu quando examinou suas lembranças, enquanto se exercitava:

Eu vinha pensando nas causas de minha raiva bem antes de subir na esteira. São muitas e uma delas, por mais engraçado que possa parecer, é que tenho raiva de não ter sentido raiva. Sempre empurrei sob o tapete aquilo que era importante para mim, porque achava que os sentimentos ou problemas dos outros eram mais importantes! Mas de onde surgiu isso? Por que eu fazia isso? Estou furiosa porque muita gente se aproveitou de mim, de muitas maneiras.

Muitas vezes, a culpa foi minha, por escolher pessoas erradas. Mas entendo que estava perdida, procurando por coisas que eu não tinha. Estou furiosa por não ter tido uma relação familiar, exceto com minha irmã Deena, a única com quem tive ligação.

Estou com raiva porque meus pais não puderam ver em quem me transformei e porque perdi meu pai, que acho que me amava de verdade, embora não fosse capaz de me entender. Estou zangada porque estou perdendo meu irmão, logo agora que estava me dando bem, depois de todo esse tempo.

Estou furiosa porque tenho quarenta e cinco anos e queria estar com trinta, bem no início, porque as circunstâncias me fizeram começar a vida tarde e sinto que não tenho muito mais tempo.

E estou com raiva porque, pela primeira vez em minha vida, senti alegria dentro de minha alma e agora parece que um cobertor de tristeza caiu sobre ela. Eu quero me sentir daquele jeito de novo. Oh, Deus, espero me sentir daquele jeito de novo.

A tristeza, assim como a raiva, pode ser efetivamente tratada durante uma sessão de exercício físico. Viver a tristeza, evocando-a e examinando-a, é outra forma eficiente de liberação emocional. Muitas vezes, nossa tendência é repelir ou negar uma sensação de infelicidade.

A tristeza pode ser experimentada durante o exercício físico ou enquanto estiver fazendo suas anotações. Se evocar uma experiência triste durante o exercício, você pode começar a chorar e/ou mergulhar no desânimo. Ao revivê-la, novas memórias relacionadas poderão surgir que, em conjunto, trarão revelações que podem ajudar a aliviar o seu desespero. É importante lembrar-se de tudo o que ocorrer durante este processo, para registrar no diário depois.

Sandy G. localizou a origem de sua tristeza, durante o feriado, na morte da mãe:

Comecei a pensar no feriado prolongado que viria e como gostaria de passá-lo com minha mãe. Eu sinto não ter uma mãe, que gostava mais de mim e de meus filhos do que ninguém. É um tipo diferente de amor, diferente daquele que se recebe de um marido ou dos amigos. Fiquei imaginando que, se tivesse uma hora para falar com ela, o que eu diria? Só de imaginar vendo-a e tocando-a, depois de oito anos, senti-me muito bem.

Cheryl O., uma mulher de 38 anos, desolada pelo fim de um relacionamento, escreveu:

Estou tentando me restabelecer do término desta minha relação afetiva e sua dolorosa ruptura. Nenhum sinal de conclusão efetiva. O fato de não falarmos um com o outro torna as coisas mais difíceis. Sinto que gastei alguns anos de minha vida e nunca os recobrarei. É tão difícil porque, mais uma vez, fiquei na mão. Uma pessoa com quem me preocupei e amei, de repente vira as costas e me deixa, quando mais precisava dela. Terei um longo caminho pela frente.

A imaginação também pode oferecer um meio para enfrentar a dor emocional. Enquanto você está se exercitando, use a sua imaginação para criar uma reunião imaginária entre você e a pessoa com que tiver algum negócio inacabado. Veja o retrato dela em sua mente.

O que você diria a esta pessoa? O que gostaria de ouvir? É claro que você não vai mudar o que já aconteceu, mas ao imaginar o que poderia ter sido, poderá agregar muitos sentimentos e talvez conseguir uma nova perspectiva sobre esse problema.

Cheryl O. anotou:

Um dia desses, preciso escrever uma carta para mim mesma. Preciso contar que sou uma grande pessoa, que tenho muitas qualidades e muito para oferecer e que um homem, apenas um homem, não tem o poder de mudar isso. Escrevi muitas coisas em meu diário sobre o que faria se o reencontrasse. Eu ia exigir que ele se desculpasse. Bem, preciso fazer as pazes comigo mesma, e isso só depende de mim, porque esse pedido de desculpas nunca vai acontecer.

Um gravador pode ser um item muito útil. Decidi comprar um deles porque estava cada vez mais difícil lembrar de todos os pensamentos importantes e sensações que eu experimentava durante os meus exercícios físicos. Quanto mais você avança no programa, mais intensa fica a experiência. No meu caso, os pensamentos, as sensações e as descobertas vinham tão rápidos durante as corridas que se tornou impossível relembrá-los completamente para registrar no diário. Foi um alívio quando decidi usar o gravador, porque dissipou a pressão. Agora, quando acabo a corrida, vou ao computador, abro o arquivo e ouço a gravação, transcrevendo o que foi dito. Às vezes, dou pausa e anoto alguns pensamentos que me ocorrem enquanto ouvia a gravação.

Ouvir música é outra opção. O tipo de música que você escolhe pode alterar o ritmo do exercício e influenciar seu humor. Pode, ainda, ajudar a relembrar momentos de seu passado.

Reler os registros de seu diário vai lhe mostrar a sua evolução. Pode ser útil também para destacar certos pensamentos e sensações, de forma que seja possível formular novas perguntas durante seu próximo exercício físico.

Você iniciou a cura integrada de corpo, mente e alma. Está formulando perguntas e utilizando-as durante o seu exercício físico; e começou a enfrentar a sua dor emocional. Este programa pode levá-lo ainda mais longe, para novas revelações e descobertas.

Capítulo Sete

Descobertas

Este método pode lhe trazer várias descobertas, mesmo a partir da primeira sessão de exercícios. Dentre elas, posso citar:

- Uma nova compreensão sobre sua dor emocional. A partir do momento em que sua origem é identificada, podem-se criar novas maneiras de lidar com ela. Este *insight* torna-se uma ótima ferramenta para resolver o que lhe incomoda, além de motivá-lo a continuar examinando suas feridas emocionais;
- A capacidade de enfrentar a dor emocional sem distrações. Ao se concentrar em seus problemas durante o exercício físico, é possível acelerar o processo de cura. Talvez o maior obstáculo nesse processo seja o medo que surge quando se examina a dor emocional pela primeira vez. O medo induz a parar o exame e permite que se distraia com outros pensamentos. Mas quando se está fazendo exercícios, as alterações que ocorrem na química cerebral auxiliam no domínio desse medo e a ansiedade que o cercava desaparece, abrindo espaço para investigações mais profundas em suas memórias e aflições;

- A capacidade de experienciar a raiva e a tristeza em sua plenitude. Não só se tornará possível compreender a origem de sua dor emocional, como você será também capaz de reconhecer e lidar com seus efeitos. Outro obstáculo quando se trabalha a dor emocional é a incapacidade de se dar a devida expressão a dois dos seus efeitos mais debilitantes: raiva e tristeza. Muitas vezes nós enterramos a raiva e a tristeza em nosso interior ou expressamos essas emoções de uma forma extremamente abusiva. Nossos encontros explosivos com a raiva e a tristeza tendem a ser breves demais. A combinação de perguntas que abordam a dor emocional com o exercício físico acaba permitindo que você viva a experiência da raiva e da tristeza de uma forma mais fluida, mais saudável e ininterrupta. Você será capaz de sentir a tristeza inundando seu corpo ao mesmo tempo em que as lágrimas rolam por seu rosto. Além disso, será possível compreender os motivos pelos quais sente raiva, ao mesmo tempo em que a enfrenta. Você vai sentir a raiva ou a tristeza desaparecendo na medida em que aumenta o ritmo de seus exercícios e cresce a transpiração de seu corpo.
- A aptidão de encontrar a sua sabedoria. Quando a dor emocional for embora, encontrará seu *Self* e o lugar dentro de você que guarda as verdades construtivas. Alguns chamam esse lugar de psique, outros, de Deus. Ele é o lugar onde você pode ir quando se sentir perdido, confuso e precisando de respostas. A maior parte de nós aprendeu que as respostas que buscamos durante nossas crises pessoais só existem externamente; que alguém ou algo guarda a chave que nos libertará do sofrimento. Muitos daqueles que começam o processo de cura podem ainda não ter acessado o seu lugar de sabedoria, em função de algum trauma que barrou a crença em si próprio. Quando ouvir sua voz interna falar, você pode confiar que ela diz a verdade. Aceite e acredite. A aceitação é a etapa final do processo de cura da dor emocional. A aceitação não significa que se esquecerá de tudo que lhe

magoou. Você vai se lembrar para sempre das coisas ruins que lhe aconteceram, mas, ao aceitá-las, nunca mais precisará se debater ou se perguntar sobre quem ou o quê lhe causou essa dor. Por exemplo, quando finalmente aceitei que meu pai estava morto e nunca mais voltaria, a nuvem negra que se abatera sobre mim finalmente se dissipou;

- A capacidade de usar o poder da imaginação. Criar um cenário sobre uma lembrança ruim pode ser uma maneira eficaz de curar a dor emocional. E se você adicionar a esse cenário os exercícios, a música e as perguntas sobre a dor emocional, terá criado boas condições de realizar mudanças. Em meu diário, há uma anotação chamada de "Feliz Aniversário para Nós" (que está no próximo capítulo), na qual descrevo uma conversa imaginária com meu pai. Quero deixar bem claro que não se tratava de um delírio, eu estava ciente de que meu pai não estava mais entre nós. Você pode achar uma tolice esse "faz de conta", mas vale a pena tentar fazer isso e superar as suas inibições, porque o poder de cura da imaginação pode ser forte e imediato. No meu caso, criei o espaço dentro de mim para o espírito do meu pai entrar, e ele veio "conversar" comigo.

Para ilustrar como essas várias descobertas podem ocorrer durante uma sessão de exercício físico, vou compartilhar algumas anotações do diário de Lucia J., que você encontrou nos capítulos 4 e 6; ela tem quarenta e cinco anos e tenta entender as várias perdas que sofreu ao longo de sua vida.

EXERCÍCIO 1

TIPO DE EXERCÍCIO: ESTEIRA
DURAÇÃO: 30 MINUTOS
DOR EMOCIONAL: PRESA AO LUTO

Hoje, procurei a definição de tragédia. A terceira definição foi "um evento desastroso, que envolve perda ou dano à vida." A quarta foi "um acontecimento trágico." A primeira foi "um drama ou obra literária no qual o personagem principal é levado à ruína ou sofre de extrema tristeza." Por que as pessoas acreditam que drama e tragédia são a mesma coisa? Quem já passou por isso não se vê como a estrela de um filme ou livro. E sabe que não temos nenhum controle sobre o drama em que nossas vidas se transformaram. Eu sempre disse que, se escrevesse um romance baseado em minha vida, ninguém acreditaria que era verdade, de tão irreal que parece ser. Algumas vezes, eu também acho a mesma coisa.

Como alguém pode merecer tanto sofrimento e passar por tantas perdas, que acabam impedindo-o de aceitar o amor e a compreensão dos outros? Não é triste quando você só conhece a rejeição, a luta pela sobrevivência e depende apenas de você mesmo? Quando aprende a permitir que os outros se aproximem, volta a ficar submerso naquele mar de tristeza. Não se trata de depressão, não, é apenas um meio de sobrevivência: esconda-se na escuridão, porque ela lhe dá segurança. Mantenha distância e ninguém vai lhe magoar, esconda seus sentimentos, porque apenas os mais fortes sobrevivem.

Bem, o luto é outra coisa. Fui procurar as definições e uma delas informava que é "sofrer a perda, privação de alguém pela morte". A palavra sofrimento não define a totalidade desse sentimento: a perda, o vazio, a culpa, a tristeza por aquilo que você perdeu e, pior ainda, daquilo que nunca teve. Solidão, acompanhada pela certeza de que nunca mais vai compartilhar nada com a pessoa que significava tanto para você. Fica difícil enfrentar a vida quando o mundo que você conhecia desapareceu da face da Terra.

Eu era a caçula em uma família de seis crianças. Estou agora com 45 anos de idade e sou a única sobrevivente de minha família. Passei pela experiência de uma profunda perda, não uma vez, não duas, mas sete vezes, oito, se contar a minha avó, que foi uma grande influência na minha vida. Eu não só perdi todos eles, mas me pareceu que os perdia em grupos. Tudo começou quando eu tinha 21 anos. Minha mãe faleceu no Dia da Mentira, a data mais apropriada para ela, sem dúvida. Quando os médicos deram o diagnóstico, disseram que ela teria apenas mais três meses de vida. Minha mãe, então, ingressou nos testes experimentais para o medicamento Methotrexate, que ainda não havia sido aprovado, sobreviveu um ano e faleceu no dia 1º. de Abril. Sempre achei que ela desprezava seus médicos. Hoje, cada vez que eu vejo o Methotrexate sendo receitado, sei que minha mãe fez alguma diferença para mudar a vida de alguém, mesmo deitada naquela cama, morrendo. Um ano e sete dias mais tarde, morreu minha amada avó, que provavelmente salvou a minha vida por cuidar de mim durante todos os verões de minha infância. Eu estava perdida. Eu era muito ligada à minha tia, que também estava por ali durante esses mesmos períodos. Nós íamos de carro para a praia, no seu Impala com os assentos cobertos por plástico. Mesmo sabendo que, após passar o dia todo na areia e brincando no mar, iríamos voltar para o carro e queimar os fundilhos no plástico. Ela vinha em todos os verões, ela e o meu tio. Eles traziam meu primo e a gente levava uma vida despreocupada, pelo menos durante aqueles meses de férias. Titia nos ensinou a nadar, lentamente dando-nos confiança em nós mesmos. Sabíamos que tínhamos aprendido a nadar quando atravessávamos o rio até o "tronco", ou até a árvore do outro lado, onde todas as crianças maiores nadavam. Às vezes subíamos o rio contra a correnteza, ou remávamos no bote passando em frente à praia. Deus, como aqueles anos me salvaram. Eu me lembro de me ver como uma encomenda urgente, sendo despachada pelos correios, partindo no dia seguinte ao fim do ano letivo e só voltando, literalmente, um dia antes das aulas começarem. Agora, eu sei que esses períodos foram as únicas coisas boas que aconteceram em toda a minha vida. Eles me salvaram, e provavelmente ao meu primo também, porque eram os únicos momentos onde existiam rotina, sanidade e amor. Curiosamente, eu também perdi a minha tia. Não porque ela tenha morrido, mas porque na época eu era muito jovem e não entendia o que estava acontecendo na minha vida, então eu achei que se permanecesse próxima a ela, poderia perdê-la, como havia acontecido com os outros; por isso, concluí que seria melhor me distanciar dela do que perder mais uma pessoa que eu amava tanto.

Fui ao colégio, a muitas festas, nunca me dediquei para valer a nada. Já que ninguém se importava, porque eu deveria? Não culpo meus pais, eles fizeram o máximo que podiam em suas condições, mas eu era literalmente um equívoco.

Meu irmão Ted morreu em 1990. Até onde me lembro, ele tinha vários problemas, inclusive com drogas. Lembro-me de visitá-lo na cadeia nos finais de semana, enquanto as outras crianças brincavam. Eu o amava e sei que ele também me amava. Na primeira vez em que ele tentou a desintoxicação, eu estava com nove anos e sabia, de alguma forma, o que estava acontecendo, mas ninguém mais pareceu se interessar.

Em 1992, meu irmão Simon morreu durante um transplante de fígado. Eu telefonei ao meu irmão Pat e pedi que ele contasse a papai, porque eu não tinha coragem de fazer isso de novo.

Na noite em que mamãe morreu, papai me acordou e pediu que fosse ver como ela estava. Ele tinha sido policial por trinta anos, dormia na mesma cama que ela e, ainda assim, eu tinha que dizer a ele que sim, ela estava morta. Ele sabia que eu tinha tirado os tubos de oxigênio. Mamãe me pedira para fazer isso; eu perguntara se ela sabia o que estava fazendo e quando ela disse que sim, atendi ao pedido.

Em 1994, a luz de minha vida, meu pai, morreu. Foi no dia do aniversário de Pat. Meu pai tinha dito, dias antes, quando ainda estava consciente, de que devíamos fazer as coisas conforme o planejado. A esta altura, papai já estava na UTI, totalmente desorientado, chamando por pessoas falecidas como se as cumprimentasse na rua. Eu sabia que ele já estava indo embora e me abaixei para me despedir. Mesmo naquele estado, meu pai me deu um beijo de despedida.

Em 1996, minha irmã Dolores morreu, a pessoa que me ensinou a curtir a vida. Tinham removido sua vesícula, coisas estranhas aconteceram depois, e ela foi lentamente tirada de nós. Lembro-me de estar com Pat e Deena, do lado de fora da UTI, e comentar "E só restaram três...". Eles se assustaram, mas depois se provou que eu tinha razão.

Como não conseguia lidar com tantas perdas, passei a beber para atenuar a dor. Meu lema era "viva cada dia como se fosse o último", que resumia minha história. Vivia de um modo muito destrutivo, não escolhia bons homens, ia às festas como se não houvesse amanhã, tudo se resumia ao momento.

Foi durante esse período que encontrei meu marido. Ele também lutava contra seus demônios mas, por sorte, percebeu que devia enfrentá-los e conseguiu se salvar. Ao fazer isso, jogou uma "bóia salva-vidas" para mim.

Justo quando você pensa que as coisas vão melhorar... BLAM! Perdi minha irmã e meu irmão num período de 4 meses. Ela desistiu de lutar e ele brigou até o último instante. É sobre esses dois eventos que vou me concentrar, porque será a primeira vez que penso sobre eles. Não estou pesarosa apenas por Pat e Deena, mas por todos os outros, inclusive meu pai, de quem tenho tantas saudades.

Lentamente, comecei meu caminho para a recuperação.

Lucia descobriu as origens de sua dor emocional e procurou novas formas de lidar com isso. Sabendo que, ao enfrentá-la, poderia iniciar um processo de cura, revestiu-se de coragem para contar a sua história de perdas. Ela não fugiu das respostas às perguntas que fez. E conseguiu distinguir seus sentimentos de luto dos sentimentos de depressão. Também concluiu que, ao passar as férias com sua avó, pôde compartilhar de uma estrutura familiar e saber o que é o amor, o que salvou sua vida.

Essas descobertas levaram-na à compreensão de que procurou nas drogas e na bebida uma forma de apaziguar o sofrimento que sentia. E agora sabe que apenas fugia dos demônios interiores. Quando perdeu recentemente seus dois últimos irmãos, pôde entender que nunca havia sentido luto de verdade e que agora, ao refletir sobre essas perdas, poderia lamentar a ausência não apenas deles dois, mas de todos os que haviam partido.

Além disso, Lucia aprendeu a lidar intensamente com os sentimentos de ódio e tristeza no momento em que surgissem, e não tratá-los como uma lembrança distante. Enquanto fazia seus exercícios, sentiu-se apta a confrontar a essência de sua dor e não deixá-la submersa, como fazia no passado.

Lucia tem encontrado seu *Self*. Ela conseguiu recuperar tanto a vontade de sobreviver quanto a força para se recobrar de suas oito perdas, e a crença de que consegue fazer isso. Lucia percebeu que já pode enfrentar a realidade de que nunca verá seus entes queridos novamente. Ela percebeu que, embora o seu relacionamento com os familiares tenham sido muitas vezes voláteis, ela os amava profundamente. A verdade, Lucia descobriu, é que ela forçava as pessoas a se afastarem dela assim que se tornavam próximas. Como resultado, ela se sentiu cada vez mais isolada e solitária. Lucia é agora capaz de olhar para a perda de cada familiar separadamente, e vê-las coletivamente, também. Apesar da intensidade dessas perdas continuar a pesar sobre ela, Lucia sabe que o peso irá diminuir se ela continuar conscientemente a refletir sobre isso enquanto se exercita. Ela compreendeu agora que a morte faz parte da vida, e que enfrentá-la não é tão doloroso quanto esconder essa verdade.

EXERCÍCIO 2

TIPO DE EXERCÍCIO: CAMINHADA DE 1 QUILÔMETRO NA ESTEIRA
DURAÇÃO: 20 MINUTOS
DOR EMOCIONAL: CURANDO O LUTO

As lágrimas, as sensações e todas as emoções que estiveram trancadas por tanto tempo machucam muito. O que eu diria a minha mãe? "Por que você não me amou?" Creio que ela me amou de seu jeito. Mas eu pensava que, por ser a "raspa do tacho", eu havia sido a causa da sua depressão. Se eu modifiquei a sua vida, não foi para melhor. Ela resolveu buscar sua fuga na bebida e não se ligando emocionalmente a mim.

Como deve ser triste não querer amar a sua criança! Lembro-me de alguns abraços, de vez em quando, e como era bom, mas logo depois o distanciamento voltava. Hoje, consigo enxergar o paralelo das situações. Agi do mesmo modo, deixando as pessoas se aproximarem só um pouquinho e procurando a solução de meus problemas na bebida e nas drogas...

Posso dizer que a desculpo por não estar disponível para mim. Que eu tenho pena por ela não ter conseguido identificar a sua depressão e alcoolismo. Eu lhe diria que a amo e que lamento não termos podido curtir a nossa relação. Eu gostaria de pensar que ela estaria orgulhosa de minhas conquistas.

A discussão que tive comigo sobre minha mãe foi muito importante. No final, as coisas não foram tão pesadas quanto eu pensava. Mesmo agora, com lágrimas no rosto, não é tão difícil assim. Acho que realmente compreendi a profundidade da sua depressão, e incapacidade de me amar não tinha nada a ver comigo, mas com a sua doença.

Melhor deixar as coisas assim e aceitar isso como resposta, se houver realmente uma resposta.

Lucia agora entende que a incapacidade de sua mãe em cuidar dela tinha sido conseqüência da depressão e do alcoolismo. A cura integrada de corpo, mente e alma ajudou Lucia a enfrentar a dor emocional sem distrações e a apressar o processo de sua cicatrização. Ela foi capaz de contar a história de todas as suas perdas sem ser perturbada por confusão, vergonha ou culpa.

Lucia aprendeu, também, o valor terapêutico que existe na criação de uma cena imaginária sobre uma memória dolorosa. Ela criou uma conversa com a falecida mãe em que perguntou, "Por que você não me amou?" Na interação entre imaginação e memória, Lucia descobriu que podia perdoar sua mãe por ter sido ausente e incapaz de enfrentar seus problemas. E foi capaz de dizer que a amava e sentia sua falta.

EXERCÍCIO 3

TIPO DE EXERCÍCIO: ESTEIRA
DURAÇÃO: 30 MINUTOS
DOR EMOCIONAL: CURANDO O LUTO

Mack e eu acabamos de voltar de uma agradável viagem para o litoral. O dia estava lindo, o sol gostoso. Quem diria que alguma vez eu poderia sentir sensação tão boa?

Foi um passeio muito gostoso, embora eu não estivesse totalmente em paz. Este seria o primeiro Dia de Ação de Graças sem Pat e Deena e sinto que este estresse é diferente, e que meu corpo está pagando um preço por ele. Foi muito bom passar um tempo com Mack, me sinto mais próxima dele. Não que estivéssemos nos distanciando, mas é que os últimos meses foram dolorosos para mim e para ele.

Lucia está chorando a recente perda de seus irmãos, e está sentindo essa dor com intensidade, não como uma lembrança distante. Além de verificar como essas mortes a afetaram, está concentrada em melhorar sua relação com o marido, porque finalmente entendeu os benefícios de se viver o momento presente e não ficar presa às memórias do passado.

Capítulo Oito

Os diários

Uma forma de manter os avanços nessa jornada para curar a dor emocional é registrar as sensações em seu diário. Ao expandir por escrito as memórias que se revelaram durante o exercício, e positivá-las, você sentirá um desenvolvimento mental. Aquelas lembranças dolorosas, que pareciam enevoadas, se tornam mais claras e existe uma chance de encontrar a cura para elas. Outro benefício desses registros é que eles demonstram seus avanços e retrocessos durante o programa, além de possibilitar uma revisão das perguntas que podem ser feitas na sessão seguinte.

Os ganhos que se obtém com os registros diários podem ser vistos nos exemplos a seguir. Em alguns casos, os participantes focaram um tipo de dor emocional. Em outros, se concentraram em uma pergunta.

Caso você esteja se perguntando como começar a fazer suas anotações, perceba que cada um abordou suas questões de uma maneira: ou focando diretamente na dor emocional ou se detendo sobre como foi o exercício; outros ainda fizeram comentários sobre como a música, que ouviam na hora, ajudou-os a refletir. Há muitas maneiras de começar. O importante é escolher aquela que lhe permita escrever livremente, sem nenhum tipo de amarras.

SANDY G. perdeu o pai e a mãe na última década.

EXERCÍCIO 2

TIPO DE EXERCÍCIO: SPINNING
DURAÇÃO: 1 HORA
MÚSICA: FUNK, POP
DOR EMOCIONAL: A MORTE DE UM ENTE QUERIDO

Subo na bicicleta, ajustando-a para a minha pequena estatura. Eu começo a falar com a terapeuta ao meu lado, que está me contando sobre alguns de seus pacientes. Continuo a conversa, comentando como detesto as segundas-feiras, que representam para mim o início da rotina. Fico pedalando enquanto falo com ela, para aquecer meu corpo e pegar o ritmo. O treinador se aproxima para verificar nossas bicicletas, e comenta que o treino de hoje será subir três colinas. Já me sinto cansada antes de começar, achando que não terei energia para isso.

Começo a pensar sobre a conversa que tive com a minha irmã hoje cedo, sobre como ela gostaria que eu me envolvesse mais nos assuntos relativos ao espólio de minha mãe. Ela narrou os últimos momentos de mamãe no hospício e como ela fitava com o olhar vago, o olhar fixo de quem vai morrer. Eu sabia que essa era uma das razões pelas quais não fui visitar mamãe no final, porque eu não queria me lembrar dela nesse estado. Começo a sentir cãibras no meu pé, pelo jeito não estou pedalando corretamente. Deveria ir mais devagar ou mesmo parar um pouco, mas está começando a melhorar. Paramos um minuto para tomar água e começamos a subir a colina seguinte. Eu gosto desta música, mas não tenho a menor idéia de quem está cantando. Sua pulsação renovou minha energia. Passo a refletir sobre como minha irmã está me fazendo sentir culpada por não ter estado com minha mãe em seus últimos momentos, mas tenho certeza de que é a minha própria culpa que estou sentindo. Mamãe teria sabido que eu estava lá e eu poderia ter prestado um grande conforto para ela. Mas talvez eu fosse egoísta demais para visitá-la. Penso apenas em como eu me sentiria ao vê-la naquele estado, e não em como ela teria se sentido ao perceber que eu estava a seu lado.

Não consigo concentrar-se em mais nada, a não ser tentar chegar ao topo desta colina. Coloco a bicicleta na marcha nove, que é a mais difícil para pedalar, e estou com muito calor, forçando a respiração. Agora, é o momento de ir para o próximo nível, e tudo está ficando cada vez mais fácil. Já ultrapassei a última colina e é tempo de desacelerar. Estou agora apenas pensando em como o tempo passou rápido e que preciso relaxar e tomar uma bela ducha.

EXERCÍCIO 3

TIPO DE EXERCÍCIO: KICKBOXING
DURAÇÃO: 1 HORA
MÚSICA: FUNK, POP
DOR EMOCIONAL: A MORTE DE UM ENTE QUERIDO

Meu braço ainda está dolorido de tanto jogar tênis no final de semana, mas eu sei que quando começar a chutar e dar socos, vou esquecer dessa dor. Eu não trouxe minha braçadeira, o que pode se constituir num problema. O nosso aquecimento consiste de pequenos socos e chutes e estou me sentindo melhor. Logo começo a pensar no longo feriado que está se aproximando e como eu gostaria de passá-lo com a minha mãe. Sinto falta de não ter uma mãe, de não ter alguém que se importava mais com você e com seus filhos do que qualquer outra pessoa. Era um tipo diferente de amor, diferente daquele que você recebe de seu marido ou dos amigos. Começo a imaginar que, se eu fosse capaz de estar com ela novamente, de ser capaz de falar com ela, o que eu diria? Só o pensamento de vê-la e tocá-la, depois de oito anos, fez as lágrimas brotarem em meus olhos. Lembro-me de quando ela faleceu e de como eu ia chorar no chuveiro todas as noites. Não se passava um dia sequer sem que eu chorasse, sozinha, naturalmente. Eu não desejava perturbar as crianças, e realmente queria chorar sozinha, sem ninguém me pedindo nada, sem ninguém me olhando e querendo saber como eu estava me sentindo.

Meu braço agora está começando a doer, por isso estou diminuindo um pouco o ritmo. Engraçado, mas quando eu começo a pensar em profundidade nessas coisas depressivas, o meu nível energético fica tão alto que meus pensamentos fluem com mais clareza. Eles vêem em borbotões, sem se preocupar com a minha vontade de não refletir sobre certas coisas, porque não quero ficar deprimida. Sinto falta de ouvir a voz de mamãe e de como ela ficava contente toda vez que eu telefonava para a casa dela. Ela foi uma pessoa positiva e eu não sou assim. Eu também não penso mais nela todos os dias, como eu costumava fazer antes. Como meus filhos vão se sentir, quando eu morrer? Quanto tempo vão pensar em mim, todos os dias, até que eu seja esquecida? Será que durante... o quê...uma semana?

Preciso parar um pouco e tomar água, estou sedenta depois desta série de exercícios. Acho que uma pessoa que não tenha passado pela experiência de perder alguém tão próximo é incapaz de compreender uma perda de tal magnitude. Como você lida com o fato de que nunca mais verá essa pessoa? Como você lida com o fato de que você quer dizer certas coisas para essa pessoa; você deseja compartilhar uma piada, contar fofocas, coisas que apenas essa pessoa irá apreciar? Eu compreendo que faz parte da vida perder seus pais e as pessoas que ama, mas gostaria que houvesse algum tipo de manual de instruções para ajudá-lo a não se sentir completamente miserável, quando isso acontece. Quanto tempo ainda esse sentimento vai durar? Eu acho que vai empinar sua cabeça horrível para sempre. É hora de me acalmar. É melhor ir para casa e ler um bom livro.

EXERCÍCIO 4

TIPO DE EXERCÍCIO: KICKBOXING
DURAÇÃO: 1 HORA
MÚSICA: FUNK, POP
DOR EMOCIONAL: A MORTE DE UM ENTE QUERIDO

Tem sido uma correria, venho saindo do trabalho tarde, depois de três dias de folga. Não tinha nenhuma vontade de estar aqui, mas agora estou fazendo o aquecimento e sentindo a música. Este treinador tem tanta energia... No fim das contas, não há escolha a não ser mergulhar nos exercícios. Começo imediatamente a pensar em como o clima é agradável em Nova Iorque e lembro como meu pai adorava esta época do ano. E reflito, mais uma vez, na maneira como sua esposa praticamente o aniquilou, como ele estava infeliz com ela, como ele se tornara incapaz de fazer ou dizer qualquer coisa que fosse do seu agrado. Eu cheguei a pensar que meus sentimentos antagônicos em relação à minha madrasta seriam superados à medida que eu ficasse mais madura, mas eles apenas se intensificaram com o tempo. Tive a oportunidade de ver que mulher infeliz ela era e o quanto insistia para que o meu pai se tornasse alguém que ele jamais seria. Ele nunca juntaria uma grande quantidade de dinheiro, o suficiente para que ela não tivesse mais que trabalhar.

Meus chutes e socos se intensificam quanto mais eu penso sobre a minha madrasta. Ele nunca poderia fazê-la feliz, não importa o quanto se esforçasse. E, por mais que tentássemos convencê-lo a deixá-la, meu pai não o fez. Será que ele não a deixou porque a amava de verdade e gostava de ser maltratado? Ou ele tinha medo de ficar sozinho? Se ele tivesse se divorciado, minha irmã e eu temos certeza de que ele teria finalmente levado uma boa vida. Ele teria se mudado para a Flórida e morado com minha irmã. Ele amava o clima da Flórida e adorava ficar com ela. Eles dois tinham uma relação especial, o que de certa forma eu invejava. Acho que porque minha irmã é mais extrovertida, e eu sou calma, tal qual meu pai. Fico me perguntando o quanto isso me incomoda de verdade.

Preciso parar um pouco, para beber um gole de água e porque meu braço está seriamente me incomodando. Não sinto vontade de interromper o treino de tênis ou de kickboxing a menos que eu esteja completamente debilitada, o que deve acontecer mais cedo do que penso. Estamos finalmente diminuindo o ritmo, que é exatamente o que eu preciso neste momento. É surpreendente o quão rápido meus exercícios se realizam quando não estou pensando apenas em minhas dores e machucados. Estou me sentindo tão forte e tão feliz comigo mesma que fui capaz de completar outra série de exercícios. Tenho que ir para casa agora e tomar algumas cápsulas de Motrin, mas continuo pensando sobre o meu pai. Não importa o quanto ele tenha me desiludido, eu ainda o amava. Por que é que nós amamos nossos pais, mesmo estando descontentes com eles?

No exercício 2, Sandy fala sobre seu desempenho na bicicleta e o quanto esta atividade a prepara para enfrentar os problemas que pretendia encarar. E quando ela se vê cara a cara com a questão da morte dos pais, a endorfina deve tê-la encorajado a passar por isso.

Ela registra a culpa que sentia por não ter visitado a mãe antes de morrer e reconhece ter evitado esses sentimentos, até então.

Enquanto escreve, examina o fato de que não podia suportar a visão de sua mãe morrendo, porque tinha medo. Felizmente, ela descobrirá muitos elementos sobre estes sentimentos e encontrará meios de se perdoar por isso.

Encarar a morte da mãe, como relata em seus registros após o exercício 2, permite que Sandy tenha uma conversa imaginária com ela durante o exercício 3. Relembra ter ficado muito triste depois da morte de sua mãe, mas guardou esses sentimentos para si.

Agora, ao ser capaz de envolver-se nas lembranças de sua profunda ligação com a mãe, Sandy se vê apta, finalmente, a lamentar essa perda e pode enfrentar o fato de que ela nunca verá a mãe de novo. Esta talvez seja a questão mais difícil de tratar, quando se está em luto pela morte de um ente querido. A verdade flagrante de que você nunca mais vai ver essa pessoa novamente é uma dor imediata e intensamente assustadora, embora mais tarde se transforme em tristeza e, depois, em aceitação.

No registro seguinte, Sandy reflete sobre a perda do pai. Enquanto especula os motivos pelos quais seu pai manteve-se ao lado de uma mulher que o tornava infeliz, no final das anotações ela acrescenta uma pergunta que muita gente anseia formular: por que amamos nossos pais, apesar de seus defeitos? Quem sabe, um dia, Sandy encontre a resposta.

Sandy considera que a cura integrada de corpo, mente e alma tem sido de extrema utilidade para ela. Ela tem achado mais fácil encarar sua dor emocional enquanto se exercita do que antes, quando era sedentária. "O exercício é uma coisa positiva, que me permite concentrar em meus sentimentos dolorosos e, ao mesmo tempo, dá-me a oportunidade de me afastar deles quando se tornam difíceis demais para suportar. Eu me torno mais positiva e compreensiva em relação a meus pais. Os pensamentos e sentimentos se armam ao redor da realidade de que nunca vou ver meus pais novamente, um fato extremamente difícil de lidar. Foi mais difícil no início, quando minha mãe faleceu e, às vezes, ainda é difícil compreender como conseguirei seguir adiante. Essa dor é muito mais fácil de assumir, enquanto me exercito".

FRANK M., que encontramos no capítulo 2, tinha um pai que era alcoólatra.

EXERCÍCIO 1

TIPO DE EXERCÍCIO: ESTEIRA
DURAÇÃO: 1 HORA
PERGUNTA SOBRE A DOR EMOCIONAL: O QUE EU ESCREVERIA NUMA CARTA A MEU PAI?

Querido pai,

Faz muito tempo que eu queria lhe dizer o quanto você foi prejudicial para o meu desenvolvimento. Eu me lembro, quando criança, de me esconder debaixo da cama, com medo que você chegasse bêbado do trabalho e fosse me bater. Meu estômago embrulhava quando ouvia os cubos de gelo caindo em seu copo. Muitas vezes, você nem foi me dar um alô, o que era bom, mas ao mesmo tempo dolorido, pois demonstrava que você não dava a mínima para mim.

Eu costumava jantar sozinho, enquanto mamãe esperava você chegar, porque "estava trabalhando até tarde". A gente sabia que você estava bebendo, e me pergunto como ela pôde passar por isso durante tantos anos. E quando ela ousava reclamar, você ficava furioso e gritava com ela.

Eu cresci como um sujeito tímido e introvertido, com dificuldades de relacionamento. Isso era difícil para mim porque achava que não tinha nada interessante para dizer para as pessoas, por causa de minha baixa auto-estima. Na medida em que ficava mais velho, sentia cada vez mais raiva Não via a hora de ir para a faculdade, só para sair de casa e nunca mais voltar. Eu nunca conheci você direito e não me lembro de termos tido uma única conversa produtiva.

Também queria dizer que meus sentimentos começaram a mudar depois que minha esposa morreu e você veio até em casa, me abraçou e disse o quanto sentia por isso. Esse era um lado seu que eu não conhecia. E as coisas mudaram ainda mais depois de seu ataque do coração. Quando você estava sendo levado para a sala de cirurgia, eu lhe disse que tudo ia correr bem, você segurou minha mão com força e pude ver que estava com medo, de verdade. Foi a primeira vez que o vi vulnerável, e isso me deu uma sensação misturada de compaixão e medo.

Papai, eu queria que você soubesse que eu o perdôo por tudo que aconteceu no passado. Hoje eu sei que seu comportamento se devia à educação e a infância muito difícil que você teve. Eu também não fui um pai exemplar para meus filhos, mas dei duro nos últimos tempos para me tornar uma pessoa mais próxima e compreensiva para eles. Nossa relação melhorou muito, desde então. Nunca é tarde demais.

Com amor, Frank

EXERCÍCIO 2

TIPO DE EXERCÍCIO: ESTEIRA
DURAÇÃO: 1 HORA
PERGUNTA SOBRE A DOR EMOCIONAL: QUE PROBLEMAS EU TENHO COM INTIMIDADE E ENVOLVIMENTO?

Rompi recentemente com a minha namorada. Tínhamos uma relação de pouco mais de três anos. Nós rompemos pela primeira vez há cerca de dois anos. O problema, naquela altura, era de conflito de expectativas; ela queria se casar, eu queria uma namorada para sair ocasionalmente.

Alguns meses mais tarde, nos reconciliamos. Concordamos em buscar um denominador comum que levasse nosso relacionamento a um ponto onde ambos se sentissem confortáveis. Discutimos um acordo pré-nupcial, a possibilidade de morarmos juntos, esperar mais dois anos, até que sua filha se formasse no ensino médio, discutimos até mesmo a possibilidade de casamento. Porém, por trás disso tudo, havia esse contínuo desconforto subjacente: a sensação de que simplesmente não queríamos as mesmas coisas. Nós conversávamos abertamente e com freqüência sobre todos esses problemas, mas a discussão sempre voltava para a mesma questão... Ela precisava do casamento para sentir-se "respeitada". Eu me sentia afastar mais e mais, sempre que o assunto era abordado.

Finalmente, conversamos com sinceridade sobre em que ponto nos encontrávamos no relacionamento. Chegamos à conclusão de que realmente não tínhamos avançado muito, desde a primeira separação. Eu disse a ela que eu não podia continuar assim, sabendo que haveria essa pressão contínua para que eu aceitasse uma situação sobre a qual não me sentia bem. Rompemos novamente.

Duas semanas depois, ela me chamou e nós nos encontramos para jantar. Ela me disse que tinha começado a fazer terapia e que seu terapeuta era realmente muito bom. Contou que, após uma sessão, ela descobriu que estava em estado de negação sobre alguns problemas com os quais não tinha lidado durante a adolescência e início da maturidade, e sentia que estava acusando somente a mim pela falta de empenho e de intimidade em nosso relacionamento. Concluiu que tinha sido injusta, por ter jogado a responsabilidade exclusivamente sobre mim, e que ela estava aceitando a sua parcela de culpa, por ter contribuído para uma relação desequilibrada. No fim das contas, estava pedindo para voltarmos e tentarmos mais uma vez. Tudo isso me fez pensar se eu realmente tinha problemas em assumir compromissos e estabelecer relações com mais intimidade, ou se as questões que levantei eram válidas e ela simplesmente não era a mulher certa para mim. Graças a essa conversa, pude perceber como é importante confiar em meus sentimentos e não ser tão rápido em culpar-me ou questionar-me sobre as decisões que eu tome.

O trabalho que tenho feito em relação aos meus problemas de auto-estima vem sendo importante para o meu bem-estar. Antes, eu teria recuado inteiramente ou tomado uma decisão baseada no medo, na perspectiva de ficar sozinho, acreditando que ela estava certa e que eu era o culpado de tudo. Desta vez, eu confiava em meus sentimentos e não me renderia às velhas tendências causadas pela baixa auto-estima. Portanto, agora estou refletindo com mais clareza sobre aquilo que desejo em meus relacionamentos. Sei que ninguém é perfeito, mas há certas coisas que destroem qualquer relação. Eu gostaria de descobrir quais são essas coisas e de estar conscientes delas, no início do relacionamento, para que não se tornem grandes problemas mais tarde.

Eu gostaria também de poder definir quais dessas coisas são prejudiciais a um relacionamento e quais delas são apenas desculpas que uso para evitar assumir um compromisso mais duradouro. Sei que há riscos em qualquer relacionamento e que boa parte do estado emocional da outra pessoa não é responsabilidade minha. Eu quero ter a sensibilidade e o bom senso de estar aberto à idéia de que talvez eu tenha fixado normas pouco razoáveis, e quero ter a vontade de explorar todas as possibilidades. Eu simplesmente não quero que o relacionamento chegue a um ponto onde duvide de mim mesmo e que eu comece a tomar decisões erradas por esse motivo.

No formato de carta, Frank conseguiu enfrentar sua dor emocional, recuperou algumas lembranças que pareciam triviais, mas que, agora ganham um novo significado. Por exemplo, o som do gelo caindo no copo representa uma dor emocional profunda, porque esse som era o prenúncio de agressões que viria a sofrer.

Essa é uma técnica terapêutica usada há muito tempo, que encoraja você a expressar seus verdadeiros sentimentos sem hesitação, medo e inibições, porque sabe que a carta nunca será enviada.

Ele ainda pôde compreender que sua dificuldade em se relacionar com as pessoas era o resultado direto do comportamento violento do pai. Assim, desejava perdoá-lo, porque agora sabia que o seu pai se comportava desta forma como resultado de uma infância desoladora. O perdão é um importante elemento de cura, mas é um processo emocional e espiritual muito demorado, que exige esforço.

Já no primeiro registro, Frank declara a vontade de perdoar o pai e dirige a atenção para sua vida no momento atual, com os seus filhos.

Durante o segundo exercício, Frank obteve maior compreensão quanto à sua dificuldade em separar suas questões pessoais das dos outros. No passado, quando Frank se debatia em seus relacionamentos, ele iria imediatamente culpar-se por eventuais problemas, sem sequer considerar que a sua parceira também poderia ser responsável. Hoje, enquanto trabalhava sobre esta questão, ele também percebeu com mais clareza o que realmente desejava em um relacionamento.

Para Frank, a cura integrada de corpo, mente e alma tem ajudado a esclarecer as questões que, em grande parte de sua vida, lhe geraram bastante confusão. Ele descobriu a fonte de sua baixa autoestima e, também, que ele pode valorizar suas opiniões de maneira mais plena, já que se reconheceu como uma criança maltratada, um doloroso fato que vinha evitando há anos. Frank aprendeu como defender a si próprio e a ser assertivo sem ser ofensivo.

JAMES K., apresentado no capítulo 2, sofria por seu pai têlo abandonado quando criança. Em seu diário, ele aborda essa dor emocional.

EXERCÍCIO 1

TIPO DE EXERCÍCIO: CORRIDA

DURAÇÃO: 1 HORA

MÚSICA: ROCK

PERGUNTA SOBRE A DOR EMOCIONAL: POR QUE TENHO TANTA RAIVA?

Eu me sinto muito rejeitado porque acredito que meu pai não me amava. Enquanto corro, sou invadido por um fluxo de emoções que me fazem chorar. Corro cada vez mais rápido. Por que ele nunca lutou por mim? Acho que, na verdade, ele não tinha coragem de lutar por nada ou por ninguém. Ele abandonou a mim e a minha mãe...

E me abandonou duas vezes. Enquanto pensava sobre isso, percebi que o que eu desejava mesmo era receber algum sinal de que ele me amava. Um telefonema, um cartão postal, qualquer coisa. Mas nunca recebi e isso é a fonte de minha dor emocional.

Eu sei que não fiz nada para merecer esse desprezo, mas isso não alivia os sentimentos de isolamento e solidão que sinto. Meu pai está morto para mim, mas continua vivo fisicamente e é uma fonte de ódio em minha alma. Preciso erradicá-lo como uma infecção, para poder remover meus demônios internos. Mas como fazer isso?

EXERCÍCIO 2

TIPO DE EXERCÍCIO: CORRIDA

DURAÇÃO: 1 HORA

MÚSICA: ROCK

PERGUNTA SOBRE A DOR EMOCIONAL: POR QUE TENHO TANTA RAIVA?

A raiva que meu filho de 5 anos sente deve ter algum paralelo com a minha. Ele fica muito zangado quando saio para trabalhar e não posso brincar com ele. Eu já deveria ter percebido isso há muito tempo. Os Beatles estavam certos quando cantavam "All you need is love". Se eu conseguir criar um bom relacionamento com ele, talvez possa apaziguar os demônios em minha alma. Não tenho certeza disso, mas sei que estou disposto e posso restabelecer, sim, esta conexão com meu filho.

Eu me sinto responsável por essa raiva que Johnny sente às vezes, mesmo apesar de saber que dei mais amor a ele do que recebi de meu pai a vida inteira. Mas, quando estou viajando ou apurado com muito trabalho, não consigo ficar por perto e isso o decepciona. Por que faço isso, se sei muito bem o quanto é doloroso? Eu me sinto um fracasso como pai, quando tal coisa acontece.

Tive uma pequena revelação, enquanto buscava entender as ações de meu pai.

Sempre quis entender porque ele agia assim, elaborei várias teorias sobre isso, mas nenhuma delas era aceitável e serviam apenas para alimentar ainda mais a minha raiva. Até que concluí: é ele que é incapaz de amar, porque nada do que ele fez na vida demonstrou qualquer tipo da abnegação que o amor exige. E se é ele que é incapaz de amar, então não está me rejeitando, não se trata de uma questão pessoal. Simples assim. Espero que eu não esteja me enganando, mas logo que pensei nessa incapacidade de amar dele, tudo fez sentido. Fiquei mais aliviado.

James começa a sondar sua dor emocional já nos primeiros registros. E relembra que, assim que pensava na rejeição de seu pai, corria mais rápido. A adrenalina, liberada durante um exercício aeróbico, fortalece sua capacidade de ir mais fundo nas origens de suas dores emocionais. James vivera com ódio a maior parte de sua vida, mas não conhecia as razões. Mas já na anotação inicial, ele encara o fato de que seu pai não o amava, uma verdade terrível e que ele sempre evitara.

No passado, James se protegia negando esse problema. Em contrapartida, direcionava sua raiva à esposa e filhos. Entretanto, ele reconhece que sempre tentou entender o que tinha feito a seu pai, que falha de caráter ele apresentava para que seu pai o desprezasse tanto. Hoje, James acredita que não tem nenhuma responsabilidade pelo comportamento dele.

No registro seguinte, James aceita o fato de que, às vezes, se coloca distante de seu filho Johnny. Mas sabe que ele é capaz de ser um pai amoroso, ao contrário de seu próprio pai, incapaz de amar.

Um pouco antes de começar a escrever seu diário, James se encontrou com o pai. Embora há muito tempo o velho estivesse distante de sua vida, eles se encontravam em reuniões familiares e sua madrasta costumava enviar presentes de Natal para as crianças. Quando se viram, James pediu que parasse de mandar os presentes e que desejava romper formalmente essa ligação. O pai não reclamou nem protestou, nem mesmo se despediu. Por isso, James fez questão de escrever “Por que ele nunca lutou por mim?”, ele continuava se perguntado o porquê deste pai nunca ter tentado estabelecer uma relação mais próxima e carinhosa. Ao contrário dele, James reafirma seu desejo de ser um pai mais presente e amoroso. Ele encontrou o caminho para a cura de sua dor emocional.

LAURIE G., que encontramos no capitulo 6, é uma mulher de 52 anos que lida com assuntos complicados relacionados aos seus pais.

EXERCÍCIO 1

TIPO DE EXERCÍCIO: CORRIDA
DURAÇÃO: 45 MINUTOS
MÚSICA: LAURYN HILL, EURYTHMICS
DOR EMOCIONAL: O ADOLESCENTE DENTRO DE NÓS

Eu luto contra uma tensão emocional que reside dentro de mim, que costuma obstruir meu caminho. Meus sentimentos oscilam entre desapontamento, raiva, dúvida e tristeza. Consigo processar minhas preocupações e ansiedades enquanto corro. Sei que o medo de falar, de chamar a atenção, supriu, desde a adolescência, a minha capacidade de ser vista pelos outros. O silêncio é uma presença invisível escondida em minhas lembranças.

Estou consciente de minha raiva. Pais desencorajadores, ausentes, excêntricos, tudo isso abafou minha individualidade, me deixando cheia de dúvidas. Minha opressão é alimentada pela aversão e pela ignorância. O corpo dói, meu peito está cheio.

EXERCÍCIO 3

TIPO DE EXERCÍCIO: CORRIDA
DURAÇÃO: 45 MINUTOS
MÚSICA: DIANA KRALL, ONLY TRUST YOUR HEART, JOAN OSBORNE-RELISH
DOR EMOCIONAL: A DOR ANCESTRAL

Ressurgimento e transformação. O ressurgimento de uma alma reprimida. Escuridão isoladora. O feminino suprido. As mulheres foram silenciadas através dos tempos, mergulhadas em abismos negros, lutando para serem vistas e ouvidas. O inconsciente coletivo reclama, a nuvem da dúvida sombreia séculos de opressão, de preconceito contra a sexualidade. Essa sombra invade minha alma, a escuridão associada ao mal e à negatividade, perpetuando o racismo. Quem controla o poder da voz da mulher?

A Terra está gritando pela cura; a mãe antes de mim foi esmagada. Culturas eliminadas. Faça-se emergir através do medo, resoluta, confiante no momento; não tema ser vista, é uma presença valiosa. Amorosamente, que seja mantido o espírito da Terra, o feminino, e o feminino se manterá. Corro ao feminino com ímpeto, procurando encontrar braços familiares que anseiam por curar uma existência fragmentada.

EXERCÍCIO 4

TIPO DE EXERCÍCIO: CORRIDA
DURAÇÃO: 45 MINUTOS
MÚSICA: "FOREVER YOUNG"
DOR EMOCIONAL: A DOR ANCESTRAL

Hoje, comecei minha corrida relutante, querendo voltar logo para casa. Este lugar me deixa desconfortável, cheio de pessoas desconhecidas. Os pulmões ardem porque tento correr mais rápido. Para quê? Para deixar o passado para trás. Que passado? O meu, de meus ancestrais. Eu sei que minha vida é mais fácil do que a de minha avó. Ela chegou da Suécia com 13 anos, porque seus pais não tinham como alimentá-la... Eu tento, e ao mesmo tempo, receio, encontrar em meu corpo e no meu coração os medos que ela tenha vivido. Tento conectar-me com seus medos e, simultaneamente, sinto os mesmos arrepios pela tristeza que ela deve ter sentido. Fico aqui imaginando que eu sou minha avó. Por que não lhe faço mais perguntas, por que minha família não tem curiosidade? O silêncio nos impede de manifestar nossos sentimentos mais profundos. Acho que meu silêncio é a expressão longínqua de sua melancolia.

Durante seus primeiros exercícios, Laurie percebe que foi silenciada, na adolescência, por pais desencorajadores. Ela aborda esta questão de uma forma generalizada, sem detalhar o que realmente aconteceu. Mas isso é uma forma muito boa de começar seu diário, generalizando suas sensações. Esperemos que, ao continuar sua viagem, Laurie possa vir a explorar as lembranças de sua infância em maiores detalhes. Durante seu terceiro exercício, ela se conecta com a sua luta para encontrar uma voz comum com a de seus antepassados femininos, com quem ela se une na tentativa de superar a opressão. Laurie afirma que a histórica opressão da mulher reflete-se em sua própria incapacidade de pronunciar-se: a História se torna um destino. É um destino que ela iria alterar mas, no quarto exercício, a fala novamente retorna ao silêncio, o silêncio de gerações. Laurie estabelece uma ligação com o espírito de sua avó e vê, nesse silêncio, a expressão dos medos e tristezas que sua antepassada sentia, naqueles dias distantes.

Laurie afirma que a cura integrada de corpo, mente e alma lhe deram as ferramentas para lidar com seus problemas emocionais: "Este processo é diferente de uma terapia convencional, onde você fala sem parar. As dores emocionais são percebidas de um outro modo, quando você se exercita. É uma experiência que integra nossa parte emocional com nosso lado intelectual."

Nós conhecemos **RHONDA G.** no capítulo 6, e agora ela conta como enfrentou os efeitos do racismo em sua vida, durante os exercícios:

EXERCÍCIO 1

TIPO DE EXERCÍCIO: CORRIDA
DURAÇÃO: 50-60 MINUTOS
MÚSICA: R&B, RAP
DOR EMOCIONAL: A DOR ANCESTRAL

A música ajuda. Quanto mais forte a batida, mais força, unidade e conexão. Tento encontrar algo maior do que eu. Enquanto corro, passa pela minha mente que não há um monte de gente como eu correndo (Minhas Irmãs Negras), mas sim caucasianos de todas as idades. Mas que história é essa? Poderá ser um resultado do genocídio do passado e do presente? É triste! Por que eu valorizo o exercício? Penso que há niilismo na minha comunidade, uma espécie de desespero que teve origem na extrema opressão e em sonhos esmagados.

Mas logo minha mente muda para a resistência que as matriarcas impuseram à escravidão psicológica, pavimentando o caminho para mim. Fico louca ao lembrar que meus antepassados foram escravos e que sempre fui a "única" em minha classe na escola, na faculdade ou no trabalho. Tenho orgulho de meus ancestrais e sempre tive grande auto-estima desde a infância. Só Deus sabe como minha vida teria sido diferente se eu não fosse assim.

EXERCÍCIO 2

TIPO DE EXERCÍCIO: CORRIDA
DURAÇÃO: 50-60 MINUTOS
MÚSICA: R&B, RAP
DOR EMOCIONAL: A DOR ANCESTRAL

A corrida me ajuda muito, especialmente hoje. Eu estou louca da vida – sou a única negra em meu trabalho, e meus colegas, de vez em quando, fazem comentários ofensivos baseados na própria ignorância. A corrida, o suor, ajudam a eliminar esse veneno.

Durante a minha corrida, penso sobre relacionamentos, e como os homens e mulheres negros têm dificuldade em se comunicar. Certamente, alguns dos meus colegas de trabalho acham que sou hipersensível. É que eu continuo enxergando uma correlação entre a escravidão e essa disfunção emocional que encontro em muitos de minha comunidade. Enquanto corro, vejo um homem negro de braços com uma branca. Não me interessa com quem você namora mas, droga, até onde eu sei, nenhum de nós ainda recebeu o merecido respeito.

Ainda durante a corrida, lembro do comentário de uma colega: "Não entendo porque tudo tem a ver com raça ou cor." Neste momento, eu corro bem rápido e recordo o que respondi a ela (mentalmente): "Mas é claro que você não entende. Você representa a cultura dominante, tudo que saia desse paradigma é o OUTRO. E não me venha dizer que sou hipersensível, até viver um dia da minha vida."

Depois disso, diminuo o ritmo e penso como poderia sobreviver neste mundo sabendo o que eu sei e sendo quem eu sou. Eu sorrio, enquanto ouço Tina Turner cantando "Simply the Best". Retomo a corrida e ultrapasso a todos que posso, pensando: "Será que essas pessoas me vêem?"

EXERCÍCIO 3

TIPO DE EXERCÍCIO: CAMINHADA
DURAÇÃO: 50-60 MINUTOS
MÚSICA: R&B, RAP
DOR EMOCIONAL: A DOR ANCESTRAL

Voltar a pé para casa depois do trabalho sempre me faz bem. Deixo para trás todo o veneno e caminho de cabeça erguida. Imagino que meus antepassados caminhassem com esta mesma postura. Eu caminho de uma forma que deixa claro que não serei intimidada por ninguém ou por coisa nenhuma.

Melhor ainda, eu caminho com ritmo, porque tudo tem a ver com minha raça e isso não foi minha escolha. A discriminação econômica, o desemprego, tudo está ligado ao genocídio a que meu povo foi submetido. Este país não quer, ou não se importa, em reconhecer que a escravidão foi um genocídio. Esses pensamentos cruzam minha mente enquanto ouço a nova canção de Alicia Keys. E me sinto bem.

EXERCÍCIO 4

TIPO DE EXERCÍCIO: CORRIDA
DURAÇÃO: 50-60 MINUTOS
MÚSICA: R&B, RAP
DOR EMOCIONAL: A DOR ANCESTRAL

Durante minha corrida, os pensamentos começaram a brotar: meu carro quebrou e lidar com o "sistema" para que ele seja consertado me causa estresse. Fico imaginando de que modo meus antepassados lutaram por seus direitos. Eu tenho um plano de ação para fazer valer meus direitos, este é o meu compromisso.

Será que meus ancestrais acreditavam neste país? Sei que os primeiros que chegaram a estas terras não acreditavam. Tampouco, as gerações futuras. Parece que tentamos nos acomodar por aqui, mas o país nos recusou. E qual é a resposta para esse problema? A música. A música não entra em conflito com minha atitude. Eu sou uma negra com um pouco de acesso aos bens materiais, aos estudos, à cultura. Penso sobre Jesse Owens, sobre a jurista Constance Motley e sigo em frente. Os meus ancestrais me apóiam e eu apóio meus ancestrais.

A música é um elemento muito importante no processo de cura de Rhonda, oferecendo força e direcionamento, além de ajudá-la a trabalhar os preconceitos que sofre diariamente. Ela também observa, em seus registros, que busca os seus antepassados como inspiração, enquanto corre ou caminha com orgulho e determinação; em contrapartida, sente que é invisível para os demais. Num diálogo imaginário, ela libera toda a raiva represada contra os comentários de sua colega de trabalho.

Rhonda considera este programa uma forma de liberação. "Elaborando perguntas à mim mesma, enquanto me exercitava, forcei-me a prestar atenção nos meus problemas. Eu costumava pensar em meus antepassados apenas como sinônimo de pessoas que viveram o racismo diariamente. Hoje, me descubro mais consciente de minhas angústias e que preciso encontrar formas menos destrutivas de lidar com o racismo. Sei que isso fará parte da minha vida e que terei que lidar com o racismo freqüentemente. A cura integrada de corpo, mente e alma é uma maneira saudável de fazer isso."

SARAH W. apareceu pela primeira vez no capítulo 4 e agora nos mostra alguns registros de sua luta contra a baixa auto-estima.

EXERCÍCIO 1

TIPO DE EXERCÍCIO: CAMINHADA

DURAÇÃO: 45 MINUTOS

PERGUNTA SOBRE A DOR EMOCIONAL: POR QUE ME SINTO TÃO FRACA E SÓ VEJO O LADO NEGATIVO DAS COISAS?

Por algum motivo, todos os acontecimentos diários estão ficando muito difíceis de lidar e me sinto sem forças para fazer isso. Não tenho idéia de como as outras pessoas conseguem não entrar em depressão. Meu terapeuta disse que todos podem escolher a melhor maneira de tratar o estresse. Eu sei disso, mas acho que me perdi no caminho. Seria muito bom se as coisas estivessem todas alinhadas perfeitamente, assim eu não correria nenhum risco de falhar ou tomar a decisão errada. Eu desejo simplificar minha vida, mas ao invés de enxergar o problema como ele é, tento resolvê-lo assim que aparece. Outro erro de julgamento. Exatamente a mesma sensação que eu tinha na adolescência e enquanto estava casada com Randy. Para quê tentar melhorar as coisas, se o resultado será sempre o mesmo? Você não serve para nada, está apenas ocupando espaço.

EXERCÍCIO 2

TIPO DE EXERCÍCIO: CAMINHADA
DURAÇÃO: 45 MINUTOS
PERGUNTA SOBRE A DOR EMOCIONAL: SERÁ QUE PERDI MEUS FILHOS? ESTOU SATISFEITA COM O MODO QUE OS EDUQUEI? POR QUE AINDA NÃO SINTO QUE MEU TRABALHO COMO MÃE JÁ ACABOU?

Minhas elaborações durante a caminhada me remetem às lembranças do sonho que tive esta noite, fiquei com uma grande sensação de impotência. O mesmo sentimento que tive quando sofri violência sexual. No sonho, meus dois filhos eram seqüestrados e sofriam abuso sexual. Quando consegui chegar para ajudar, já era tarde demais para Tom, meu filho mais velho – ele não queria mais voltar para casa, não queria minha ajuda. Na verdade, ele ainda não tinha sido violentado, estava lutando e queria continuar a luta sozinho. Consegui trazer de volta o meu caçula, Louis, mas sentia que ele preferia ter ficado com o irmão. Fiquei pensando se é assim que ele se sente na vida real, ter que se ligar a mim ou a Tom em vez de ter sua independência. Ironicamente, em meu sonho, pedi ajuda a meu ex-marido, e ele disse que gostaria muito de ir procurar os filhos, mas que tinha uma consulta com seu dentista e não podia desmarcar!

Durante a caminhada, comecei a refletir que deveria encarar meus filhos de outro modo, não mais como crianças. Se fossem filhos de outros pais, eu os veria como jovens adultos. Veria Tom como um rapaz gentil, que de vez em quando passava por dificuldades normais do amadurecimento, e que seus pais não o tinham educado tão mal quanto eu pensava. Eu gostaria de encontrar um meio de dizer a ele que seria feliz. Iria à universidade, teria uma boa carreira, se casaria e teria uma vida maravilhosa. Mas, como em meu sonho, eu devia deixar que ele enfrentasse seus problemas de seu jeito; eu não o havia perdido totalmente, mas ele não estava mais a fim de receber meus afagos. Ver a luta de Tom para se adequar à vida por si mesmo me deixava impotente, mas eu não tinha o direito de equiparar o seu desamparo com meus sentimentos de terror, medo, vergonha e fracasso.

EXERCÍCIO 3

TIPO DE EXERCÍCIO: CAMINHADA
DURAÇÃO: 45 MINUTOS
PERGUNTA SOBRE A DOR EMOCIONAL: POR QUE ME SINTO TÃO SÓ? POR QUE NÃO CONSIGO ENCONTRAR ALGUÉM QUE AJUDE A ALIVIAR MINHA SOLIDÃO?

Na minha caminhada de hoje, reflito que é óbvio que tenho bebido na tentativa de aliviar a dor da solidão. Sei também que devo aceitar que perdi minhas crianças e que essa é a causa desse sentimento. Mas eu deveria ficar orgulhosa deles, porque estão agindo e se comportando bem, de acordo com sua idade... e eu deveria ficar orgulhosa de como os eduquei. Passei 20 anos de minha vida com eles, eram a minha razão de viver.

Mas agora também consigo ver que não é a falta de Tom ou Louis que estou sentindo, é a falta de um propósito em minha vida. Preciso entender que não estou sozinha, tenho amigos que gostam de mim e adoram passar um tempo comigo. Meus filhos também me amam e gostam de ficar comigo.

Percebo que não consigo me conectar às pessoas porque, talvez, não seja realmente a solidão que me aflige. Quando estou com um amigo, eu penso, "Mas que utilidade isso vai ter? Ele não vai me fazer sentir melhor!" Sinto que este comportamento negativo está destruindo minha saúde mental. Gostaria de aproveitar minha vida de solteira como uma oportunidade de conseguir as coisas que desejo. Um futuro com um propósito, não apenas um futuro com uma pessoa. Seja aprendendo a fazer suflê, seja dando aulas numa escola primária, não importa, tudo deve ser válido. Acho que olhar a vida de um modo mais positivo não é dão doído assim... além do mais, conforme diminuir minha dor emocional, certamente, a bebida se tornará menos atraente.

EXERCÍCIO 4

TIPO DE EXERCÍCIO: CAMINHADA
DURAÇÃO: 45 MINUTOS
PERGUNTA SOBRE A DOR EMOCIONAL: COMO AS CRENÇAS E A POBREZA DE MINHA FAMÍLIA ME AFETARAM?

Na caminhada, os meus pensamentos me reportam ao modo de viver dos hindus. Para eles, quando você faz parte de uma casta, o único modo de fugir dessa rigidez é morrer e reencarnar.

Segundo meus avós e meus pais, nasci numa família cuja posição social ficava apenas a um degrau acima dos índios e negros. Não era nada ligado a racismo ou superioridade, era apenas uma questão de posição social. Meus pais até interagiam com pessoas de situação mais elevada, mas o faziam com extremo respeito e reverência – como fazem as crianças frente a autoridades.

Papai, que era gago, falava com seu chefe ao telefone sem gaguejar uma única vez: "Sim, senhor. Muito obrigado, senhor." Ou com os executivos, na igreja: "Claro, Bob. Terei muito prazer em fazer isso, Bob. Pode contar comigo, Bob." Ele nunca falou assim com nenhum de nós, com a gente era: "Maldito seja, se não parar de chorar, eu vou dar um bom motivo para isso." Minha classe social não merecia respeito ou privilégios, isso era reservado para os outros. Eu só podia ter nada, e devia ficar satisfeita com isso.

Mas que história de classes sociais é essa? Quem se importa com isso? Na verdade, a história não é sobre merecer ou não ser feliz, ter sucesso, conseguir bens materiais. O negócio é que você vale menos que zero. Mesmo que eu ganhasse um milhão e desse 99% para minha família, não mudaria o modo como me vejo. Receio que sempre irei me sentir como um estorvo, alguém de pouco valor, que só ocupa o espaço dos outros.

EXERCÍCIO 5

TIPO DE EXERCÍCIO: CAMINHADA
DURAÇÃO: 30 MINUTOS
PERGUNTA SOBRE A DOR EMOCIONAL: EU NÃO MEREÇO NEM UMA CONVERSINHA DE 5 MINUTOS?

O andar acelera minhas indignações... Então, ele me magoou novamente, e nem percebeu; ou percebeu? Quando telefonei ontem, papai nem veio falar comigo. Será que isso é uma espécie de jogo para ele? Eu não estava pedindo uma conversa profunda, só queria saber o que ele tinha achado das fotos que havia enviado.

Meu pai trabalhou com construções por 60 anos, então achei que se interessaria em ver o progresso das obras de minha nova casa. Nem deu bola. Seu silêncio mata.

Venho tentando agradar meu pai há 55 anos, sem sucesso. Ele foi o primeiro homem de alguma importância em minha vida. Meu pai deveria ter sido o meu professor e o meu protetor, mas não foi isso o que aconteceu. Sinto-me como um cão que foi chutado para fora de casa. E, assim como um cão que oferece amor incondicional ao seu dono, eu esqueço o pontapé mais recente e volto a procurá-lo, apenas com a intenção de agradar. Venho procurando manter essa distorcida relação pai-e-filha baseada em expectativas irrealistas e fantasias de criança, o que apenas gerou-me anos de sofrimento e baixa auto-estima.

Então, como posso aliviar a dor dessa rejeição? Aliás, isso é mesmo uma dor?

Meu pai é um sujeito atrapalhado e eu consegui fazer muita coisa na vida sem ele por perto, ou mesmo sem sua ajuda. Então, por que o seu coração gelado me causa tanto impacto? Acho que o que estou sentindo é, na verdade, muita pena por ter perdido uma fantasia que já estava gasta e exaurida. Assim como minha mãe, o melhor a fazer é não criar nenhuma expectativa em relação a meu pai.

É ele quem tem problemas, não eu. Se eu continuar a buscar seu afeto e aprovação, a única coisa que vou conseguir é autodestruição.

EXERCÍCIO 6

TIPO DE EXERCÍCIO: CAMINHADA
DURAÇÃO: 45 MINUTOS
PERGUNTA SOBRE A DOR EMOCIONAL: POR QUE TENHO RAIVA DE MEU PAI?

Minha raiva com relação a meu pai se mistura com aquela que sinto pelo meu ex-marido. Fui condicionada, por ser mulher, a ser condescendente; eu devia tratar meu pai, irmãos, primos, tios, padres e amigos com gratidão e respeito – mais ou menos como a relação entre o senhor e seu escravo.

Em um nível consciente, sei que isso é impreciso. No entanto, em um nível mais profundo, sinto que uma raiva enorme está emergindo por causa desse "treinamento". Uma expressão melhor poderia ser "lavagem cerebral". Eu me sinto como se fosse uma prisioneira, socando a porta da cadeia com ambos os punhos, gritando para me soltarem. Eu sinto como se tivesse sido presa por engano – seja qual for o crime pelo qual sou acusada, NÃO FUI EU! Sou inocente e eles precisam me colocar em liberdade. Eu preciso viver a vida como uma pessoa livre, como um ser humano livre, sem as algemas da desigualdade. Não quero ser desvalorizada porque, supostamente, não tenho a mesma força física que eles, ou porque eles acham que tenho inteligência inferior, apenas por ser uma garota.

Já provei isso inúmeras vezes. Sou inteligente, vigorosa e tenho consciência ambiental. Ora, me dá um tempo! Nem meu pai, nem meu ex e nem meus irmão são assim. Mas também sou emotiva, carinhosa e maternal. Quero assumir esses traços, mesmo que me façam sentir mais frágil. Em outras palavras, ser feminina me deixa fraca e inferiorizada.

Como equilibrar essa dicotomia?

EXERCÍCIO 7

TIPO DE EXERCÍCIO: CAMINHADA
DURAÇÃO: 45 MINUTOS
PERGUNTA SOBRE A DOR EMOCIONAL: POR QUE ASSUMI A TAREFA DE PROTEGER MEU PAI DE SEU PRÓPRIO SOFRIMENTO?

É difícil alcançar o lugar onde guardei a dor, o sofrimento e a depressão que pertenciam ao meu pai. Eu procurava não expressar nenhuma opinião que fosse diferente da dele porque isso poderia aborrecê-lo e a dor voltaria para mim, como um bumerangue. Ele nunca se reconciliou com os seus próprios demônios: a sua criação muito pobre, o seu pai alcoólico e mãe co-dependente, a sua falta de educação, a sua depressão emocional, o seu próprio alcoolismo.

Esses eram os traços que meu pai exibia e, por alguma razão, me senti impelida a protegê-lo dessa realidade. Ele se tornou uma espécie de benfeitor, como se eu fosse uma criança adotada e que deveria cuidar de suas dores emocionais como sendo a única retribuição possível por me deixar morar na minha casa. Mas não posso continuar pagando essa "dívida". Não foi minha culpa eu ter nascido.

Preciso me sentir livre dessa dívida emocional com meus pais. Esse senso distorcido de dever para com os outros se manifestou em todos os aspectos de minha vida. Já é hora de trabalhar nisso!

Os sete registros do diário de Sarah investigam as origens de suas dores emocionais. É possível perceber que cada anotação se torna um pré-requisito para a próxima, e ela aborda suas angústias imediatamente, em cada uma delas. Fica evidente que Sarah sempre sofreu de baixa auto-estima. Durante o segundo exercício, ela examina aflitivamente sua relação com os dois filhos e, com boa dose de ambivalência, reconhece que sua responsabilidade por eles diminuiu à medida que eles cresceram e se tornaram adultos. Se neste registro ela se identificou como a mãe de dois filhos, no terceiro ela começa a se definir com uma personalidade de um ser independente.

No quarto exercício, Sarah faz uma sondagem com mais profundidade sobre suas origens: ela vem de uma família de classe social muito baixa, o que é algo extremamente doloroso para ela. Se por um aspecto houve desenvolvimento material e conquistou uma posição privilegiada, por outro ângulo, sob o ponto de vista de evolução emocional, quase nada. Suas conquistas sociais e econômicas não impressionaram seu pai e, no quinto registro, ela é obrigada a lidar com esse abandono, o que é desolador para Sarah.

Já no sexto exercício, ela consegue ampliar a perspectiva e analisar o problema de baixa auto-estima como uma questão político-social do feminino; porque seu pai, seus irmãos, patrões e políticos fizeram com que as mulheres se sentissem cidadãs de segunda classe. Desabafando sua raiva, Sarah decide parar de internalizar essa imagem inferiorizada das mulheres. Durante o sétimo registro, ela explora o futuro de seu relacionamento com o pai, focando na tentativa de protegê-lo de suas próprias angústias. Sarah decide que essa proteção não é mais sua tarefa, compreende ser algo impossível de realizar e liberta-se dessa dor.

Sarah declara que a cura integrada de corpo, mente e alma ajudou-a a separar-se emocionalmente de seus pais, além de ter contribuído para estabelecer limites saudáveis em seu relacionamento com os filhos. Como ganho adicional, este método deu-lhe novos instrumentos para lidar com sua depressão e livrá-la da dependência do álcool e dos antidepressivos, ambos consumidos em grande quantidade durante muitos anos.

ALICE W. é uma mulher de vinte e nove anos, que está lamentando a morte de seu pai.

EXERCÍCIO 1

TIPO DE EXERCÍCIO: ESTEIRA
DURAÇÃO: 45 MINUTOS
MÚSICA: JONI MITCHELL, JOHN MAYER
DOR EMOCIONAL: A MORTE DE UM ENTE QUERIDO

Estou me exercitando na academia do hotel onde me hospedei, durante uma viagem a trabalho. Comecei a pensar em meu pai porque ele passava muito tempo em hotéis e a música também ajudou nessa lembrança, já que ele adorava Joni Mitchell. Gostaria de poder telefonar-lhe e falar sobre minha viagem, sobre minha carreira...

Sua morte súbita foi tão dolorosa porque me impediu de perguntar-lhe sobre uma porção de coisas. Fico refletindo muito tempo sobre ter responsabilidades, fazer grandes planos para o futuro... Como ele soube a hora certa de casar e ter filhos?

EXERCÍCIO 2

TIPO DE EXERCÍCIO: CORRIDA DE 5 QUILÔMETROS
DURAÇÃO: 45 MINUTOS
MÚSICA: HIP-HOP, JOHN MAYER
DOR EMOCIONAL: A MORTE DE UM ENTE QUERIDO

Estou correndo ao lado de uma amiga. Ela me disse que seu pai está chegando, para participar de uma maratona com ela, e fiquei enciumada de minha amiga poder compartilhar esse momento com o pai. Enquanto meu pai estava vivo, não vivi sozinha o tempo suficiente para poder desenvolver um relacionamento mais adulto com ele.

Eu preciso de seus conselhos e orientações. Ainda não encontrei ninguém tão sábio, tão esperto e com tanto pé no chão, alguém em quem eu possa confiar.

EXERCÍCIO 4

TIPO DE EXERCÍCIO: ESTEIRA
DURAÇÃO: 30 MINUTOS
MÚSICA: DANCE MUSIC
DOR EMOCIONAL: A MORTE DE UM ENTE QUERIDO

Hoje é meu aniversário. Antes de vir me exercitar, conversei com minha mãe pelo telefone e ela contou que pôs a casa à venda. Já estava na hora. A casa ficou muito grande para ela sozinha, e talvez a estivesse impedindo de seguir em frente, já que tem um namorado. Gostaria de pensar que tenho motivos para ficar com raiva dela, dizer que ela está sendo egoísta. Me sinto tão sozinha... Minha irmã não vai gostar da notícia, porque ela mora perto de mamãe e passa um bom tempo naquela casa. O que está acontecendo com minha família? Mamãe em um apartamento? Talvez eu ganhe um padrasto? E tem mais, como será que ela vai conseguir fazer tudo isso sozinha? Será que eu devo ajudar? Quem sabe, emprestar algum dinheiro? Estou chorando quando chego ao meu armário na academia...

Alice lamenta não ter tido tempo de tratar de assuntos importantes com o pai, enquanto estava vivo. Ela sente falta de sua orientação, de sua gentileza e de seu amor, e esse sentimento de perda se acentua quando ouve sua amiga comentar sobre ela e o pai.

Alice ficou extremamente abalada com a morte súbita do pai, por ataque cardíaco, mas agora tem recursos para se motivar a ser feliz, apesar de ele ter falecido. Mesmo assim, essa permissão para a felicidade não vem tão facilmente, nem para ela, nem para sua mãe.

Mas Alice reconhece que mudar é necessário, é um processo normal da vida, e que a cura integrada de corpo, mente e alma pode ajudá-la a aceitar isso com mais facilidade.

BOB LIVINGSTONE

TIPO DE EXERCÍCIO: CORRIDA
DURAÇÃO: 40 MINUTOS
MÚSICA: BEGGARS BANQUET - THE ROLLING STONES
DOR EMOCIONAL: PRESO AO LUTO
PERGUNTA SOBRE A DOR EMOCIONAL: HOJE É O MEU ANIVERSÁRIO, MAS POR QUE ME SINTO TÃO MAL?

Feliz Aniversário para Nós

Hoje é o meu aniversário.
Mas não tenho vontade de festejar.
As pessoas me desejam tudo de bom, mas não sinto as coisas tão bem.
Não sou o homem que queria ter sido, capaz de ensinar aos outros a serem alguém.
Não consigo viver o momento e tenho sido consumido pelo medo;
A ansiedade de saber o que vai acontecer em seguida é torturante.
Não mereço festejar o dia em que nasci.
Quero desaparecer quando as pessoas sorriem para mim.
Não sei o que há de errado.
Eu devia estar feliz.
Estou amando,
Tenho boa saúde,
Mas alguma coisa está me segurando.
Estou ouvindo a música "Salt of the Earth", dos Stones.
Eu me lembro de meu pai abrindo a porta de casa.

Por que tinha chegado do trabalho tão cedo?
Estava vestindo roupas de trabalho e calçando botas pretas,
O cabelo esvoaçante sob o gorro branco de algodão.
Ele estava com um olhar confuso.
Minha mãe me disse depois que ele havia sido despedido, porque ele esqueceu de avisar que iria sair de férias:
Tinha alguma coisa errada com seu cérebro.
Algo que o médico sabia o que era, mas não conseguia curar.
Meu pai enxotado do seu trabalho na fábrica;
Enxotado como uma mosca.
Meu pai, negligenciado pelo sistema de saúde pública e, finalmente, atirado sem piedade num buraco escuro em Nova Jersey.
Meu pai, homens e mulheres como ele, fabricavam os bens que deixavam nossas vidas tão mais fáceis.
Meu pai foi tratado como uma peça qualquer das engrenagens da fábrica, que podia ser substituída quando não funcionasse mais.
Seus últimos dias não tiveram dignidade.
Seu funeral também foi indigno e detestável.
Os seus sonhos também nunca seriam proferidos dos seus lábios novamente;
Tudo o que restou foi decepção, dor e vergonha.
Minha missão tem sido apagar essa vergonha do passado.
Quero que a vida do meu pai e a de todos aqueles que foram desprezados voltem a ter um rosto, um nome, voltem a ser visíveis e fortes;
Quero voltar e aliviar a carga do meu pai, fazê-lo feliz e orgulhoso de quem foi e de onde ele veio;
Quero que ele libere os seus medos e agonias;
Quero que ele saiba que foi amado,
Não só por mim, minha mãe e minha irmã,
Mas estimado pelo mundo inteiro.
"Salt of the Earth" é uma música que, ao mesmo tempo, zomba e reverencia os operários;
É o meu estado de espírito que dirige a minha atenção.

Eu não posso trazer dignidade ao meu pai através de meu sucesso como homem, como terapeuta ou como escritor;

Não posso modificar o passado, por mais que me esforce.

Eu deveria saber disto a esta altura, mas não é surpresa que não tenha ainda aceitado o que aconteceu.

Como posso celebrar o meu próprio valor, as minhas próprias realizações, se o meu pai morreu sem conhecer o seu verdadeiro valor?

Como eu tenho o direito de desfrutar das riquezas que a vida me traz, se o meu pai não teve essa oportunidade?

Esteve chovendo a semana inteira e hoje é o primeiro dia em que o sol apareceu. Corro mais rápido.

Al Green está no iPod e a música "It's OK" está fluindo em meus ouvidos como lava quente.

Levanto os olhos para o céu enquanto a plenitude da música preenche meu coração. As nuvens se abrem e ouço a voz de meu pai. Ele diz: "Faz tempo que não conversamos, filho. Foi muito nobre de sua parte lutar a minha luta, mas quero dizer-lhe que a minha vida não foi tão trágica. Eu consegui descobrir o amor. Poucos homens foram afortunados de ter o amor que compartilhei com sua mãe. Também amei você e sua irmã. Como pode ver, filho, a família foi tudo o que realmente me importou."

"Você pode descansar e ficar em paz. Se quiser, continue a lutar, mas não precisa mais fazê-lo por mim. O modo como perdi o meu emprego, como fui lentamente sendo desligado das coisas, nada disso importa agora. Quero que saiba que alcancei a dignidade na minha vida, a forma mais alta de dignidade que uma pessoa pode ter — a capacidade de amar incondicionalmente e deixar que os outros me amassem. O que importa agora, e o que desejo, é que a mesma alegria preencha a sua vida."

"Então, comemore a vida, comemore a sua vida, mas não faça isso por mim. Sei que você tem saudades de mim, especialmente quando alguma coisa muito especial acontece, ou quando se sente perdido. Eu também sinto sua falta."

Vejo meu pai sentado em uma cadeira de vime branca. Está usando chinelos e tem um olhar sereno em seu rosto. Parece estar em algum paraíso tropical, porque a brisa marinha ajuda a refrescar o calor. Ele ergue seu drinque para fazer um brinde:

"Vamos saudar aos milhões de trabalhadores. Vamos brindar ao sal da terra. Feliz aniversário, Rob."

Antes de começar o exercício físico, eu me sentia entorpecido, agitado, e meu aniversário de 55 anos não tornava este dia nem um pouco especial. Tudo e todos esgotavam a minha paciência. Dava respostas curtas e grossas e eu quis fazer algo para alterar esse estado de espírito.

Portanto, forcei-me a correr, levando meu iPod, mesmo não tendo nenhuma esperança de encontrar alguma resposta ou consolo. Normalmente, começo a minha corrida em um passo relativamente rápido para uma pessoa de minha idade. Neste dia, também corri muito rápido e imediatamente me rendi à minha aflição. Novamente, as lembranças dos últimos dias de meu pai me assolaram, a maneira indigna como foi demitido e o funeral humilhante que tivera. Eu achava que devia provar ao mundo que sua demissão fora injusta, queria arrumar um outro emprego para ele.

Eu ainda não tinha consciência de que todos os meus esforços para ser bem-sucedido eram tentativas de redimir meu pai. Essa era a razão de minhas angústias, disfarçadas pela máscara de ansiedade que eu vivia a cada manhã. Finalmente, compreendi que não podia salvá-lo, ele estava morto. Mas pelo menos, ainda conseguia conversar com seu espírito.

A trilha sonora desse dia foi o álbum dos Rolling Stones, que eu ouvia enquanto meu pai me dizia para deixá-lo ir, enquanto as lágrimas rolavam pelo meu rosto.

Capítulo Nove

Conclusão: como fazer a cura integrada de corpo, mente e alma tornar-se parte essencial da sua vida

Tenho praticado as técnicas previstas deste meu programa desde 2002, quase quatro anos agora. A Cura Integrada de Corpo, Mente e Alma tornou-se uma parte essencial de minha vida, porque aprendi, e continuo aprendendo, valiosas lições. Elas transformaram a minha vida quotidiana de muitas maneiras, todas essenciais e construtivas:

- Quando me sinto emotivamente entorpecido, não me permito mais ficar nem um minuto sequer nesse estado de torpor. Assim que percebo estar "emocionalmente emperrado", começo a fazer uso do programa imediatamente. Nesta situação, faço a pergunta da dor emocional: "Por que estou tendo dificuldades de sentir e elaborar esta emoção?" No decorrer da minha corrida, infalivelmente obtenho a resposta.
- Tenho mais consciência de mim mesmo. Estou agora mais conectado com os meus pensamentos e as minhas sensações, então consigo avaliar atentamente o que está causando qualquer angústia dentro de mim. Estar consciente de si mesmo é o passo inicial na resolução de problemas. É também a chave para lidar com a raiva que, equivocadamente, foi mal direcionada ao outro.

Se você estiver autoconsciente em sua plenitude, irá reconhecer que a dor é o primeiro sentimento que emerge quando a raiva aparece. Sabendo disso, ficará mais fácil identificar o motivo dessa mágoa e trabalhar cada assunto de maneira mais específica;

- Agora tenho muito menos doenças relacionadas ao estresse. Antes, costumava sofrer de dores de cabeça constantes e de dores musculares generalizadas, porque eu estava preso ao medo. Desde que descobri, praticando o método da Cura Integrada de Corpo, Mente e Alma, vários recursos para enfrentar esse medo e fazê-lo ir embora, não me sinto mais continuamente atormentado pelo estresse relacionado à dor física;
- Sou uma pessoa muito mais paciente e consigo usar o tempo que for preciso para processar as idéias. Costumava viver tão ameaçado que pulava etapas essenciais, que poderiam ter evitado muitas decepções e poupado muitas dores emocionais ao longo do caminho. Costumava ser também bastante impaciente com as outras pessoas. Hoje, tenho aprendido a relaxar com mais freqüência e viver com plena alegria;
- Continuo a perceber e a expandir o poder da minha voz interior naquele lugar profundo dentro de mim, a psique, ou alma. Durante a maior parte de minha vida, não acreditei em nada relacionado com a espiritualidade e certamente era muito cínico para acreditar em Deus. A compreensão desta minha dimensão espiritual é um trabalho em andamento. Acredito firmemente naquela energia, muito maior do que aquilo que chamamos de humano, e que corre dentro e fora de nós. E estou começando a acreditar que, se eu abrir mão do controle e me render a essa energia, ela poderá me guiar cada vez mais intensamente ao meu centro de sabedoria. Embora ainda não esteja lá, estou pronto para dar o próximo passo, seja ele qual for.

Permita que a Cura Integrada de Corpo, Mente e Alma possa desempenhar um papel essencial na sua vida. Sempre que enfrentar um problema desconcertante, lembre-se da calma e do estado de espírito que você obteve durante o exercício, da confiança que estava sentindo. Recorde-se do suor que escorria de seus poros e das lágrimas que se misturavam a ele. Olhe para trás e reveja seus exercícios, no momento em que todas as facetas de seu *Self* estavam trabalhando em harmonia, banindo os sentimentos de confusão. Lembre-se das novas revelações que se abriram e dos planos que formulou para lidar com a sua dor emocional. Releia o diário, siga as pistas de sua transformação emocional e aprecie as lições que você aprendeu.

A Cura Integrada de Corpo, Mente e Alma ajuda a transformar a dúvida em esperança. Ela lhe dá a força destas convicções:

- Você tem direito a uma vida próspera e em paz;
- Você tem a capacidade de identificar, enfrentar e trabalhar sua dor emocional;
- Agora, você já sabe que repelir ou negar a dor emocional é mais prejudicial do que lidar com ela;
- Você reconhece que não há ninguém mais que pode ajudá-lo a curar-se, a não ser você mesmo. Mas, em vez de enxergar isso com desespero, você agora pode aceitar isso com mais tranqüilidade.

Transforme a Cura Integrada de Corpo, Mente e Alma numa ferramenta que passe a ser parte integrante de sua vida quotidiana. Você pode fazer uso dela sempre que se sentir fora do prumo, mas não souber a razão; quando questões não resolvidas da infância forem colocadas; quando ocorrerem angustiantes dramas pessoais ou rompimentos traumáticos; ou quando as datas de aniversário de grandes perdas chegarem.

Você agora tem os instrumentos necessários para trazer alegria à sua vida.

Apêndice

FORMULÁRIO DE REGISTROS

Nome:
Exercício n°:
Data:
Tipo de exercício:
Duração:
Música:

Dor emocional (indique uma): Preso ao Luto, Morte de um Ente Querido, O Adolescente Dentro de Nós, Raiva que Machuca Quem Amamos, Dor Ancestral, outras ____________.

Pergunta sobre a dor emocional:

Anotações logo após o exercício:

CTP, Impressão e Acabamento - IBEP Gráfica